LES REIOVISSANCES DE LA PAIX,

AVEC VN RECVEIL
de diuerses pieces sur
ce sujet:

DEDIE' A MESSIEVRS LES Preuost des Marchands & Escheuins de la ville de Lyon.

Par le P. C. F. M. de la Compagnie de IESVS.

A LYON,
Chez BENOIST CORAL, ruë
Merciere, à la Victoire.

M. DC. LX.
Auec Priuilege du Roy.

ORDRE DES CHOSES CONTENVES
en ce Volume.

1. Les ceremonies de la publication de la Paix.
2. Description du grand feu d'artifice dressé sur le pont de Saone.
3. Description des feux particuliers des quartiers.
4. La maniere de dresser les feux d'artifice.
5. La course de Bague, & la liste des Capitaines Pennons, Lieutenans, & Enseignes des quartiers de la Ville.
6. Description des réjoüissances faites dans le College, où sont décrites les Tragedies, les Enigmes, les Emblemes, & les Inscriptions faites sur ce sujet.
7. Description du feu de joye de la S. Iean.
8. Poësies diuerses, Latines & Françoises sur le sujet de la Paix.
9. Les figures de la Marche pour la Publication des Machines des feux de joye, & des autres artifices.

A MESSIEVRS
LES PREVOST
DES MARCHANDS
ET ESCHEVINS DE LA VILLE DE LYON; Presidens, Iuges, Gardiens, Conseruateurs des Priuileges Royaux des Foires de la Ville de Lyon.

Messire HVGVES DV POMEY Seigneur de Rochefort les Sauuages & Rancé, Conseiller du Roy en ses Conseils, Preuost des Marchands.

Nobles MARC ANTOINE MAZENOD, Seigneur de Panezin; CHARLES ROVGIER, Escuyer, Conseiller du Roy en la Seneschaussée & Siege Presidial de ladite Ville.

IACQVES MICHEL Seigneur de la Tour de Champ, & BARTHELEMY FERRVS, Conseiller de Sa Majesté, Controleur des Rentes Prouinciales en la Generalité de Moulins, Eschevins de ladite Ville & Communauté de Lyon.

MESSIEVRS,

Les soins que vous prenez de procurer le bien public, & de main-

EPISTRE.

tenir le repos de cette Ville, oblige tou‍ les Citoyens à vous offrir les premier‍ fruits de la Paix. Vous luy auez dreßé une pompe si magnifique & si belle qu'elle merite que la posterité en con‍serue le souuenir, & que les estranger‍ en voyent vne esbauche, pour appren‍dre que vostre conduite n'est pas moin‍ auguste que paisible. C'est la gloire de Lyonnois de n'auoir point vû d'autre feux, que ceux des réioüissances publi‍ques. Les estincelles des embrasemens qui ont desolé les Prouinces voisines ne sont point venuës iusques à eux ; l‍ cendre des guerres ciuiles ne leur a rie‍ osté de leur lustre, & la fumée de ce‍ incendies n'a iamais noircy leur fidelit‍ Il falloit vn semblable berceau à la Pai‍ & l'on ne se doit pas estonner qu'ell‍ ait esté conceuë dans vn lieu, qui auoi‍ seruy de retraite au repos durant le‍ troubles du Royaume. Nostre Monar‍

que

EPISTRE.

que en témoigna de la ioye, & nous pouuons asseurer auec respect, que ce fut à la vûe de la tranquillité de Lyon, qu'il prit des pensées de paix, & qu'il resolut de la donner à ses sujets. Ces belles semences produisirent le fruit dont l'Europe commence à joüir, & les negociations secrettes, qui se firent icy dans le cabinet, furent les premieres auances du traité de Saint Iean de Luz. Enfin, Messieurs, vostre gouuernement sera illustre dans nos annales sous de si belles esperances, vos noms y marqueront eternellement le bon-heur de tous les peuples, & vous receurez des benedictions de toute la posterité, tandis que ie feray gloire de luy apprendre auec quelle passion ie suis.

MESSIEVRS,

Vostre tres-humble & tres-obeïssant seruiteur CLAVDE FRANÇOIS MENESTRIER de la Compagnie de IESVS.

A MESSIEVRS LES PREVOST DES MARCHANDS ET ESCHEVINS.

SONNET.

Fideles Magistrats vostre rare prudence
Nous fait goûter les fruits d'vne eternelle pa[ix]
LYON en reconnoist les sensibles effets,
Et ne doit son repos qu'à vostre vigilance.

Tandis que la reuolte armoit contre la Fran[ce]
Et que la Majesté plioit dessous le faix;
Sans suspendre le cours de vos premiers bien-fai[ts]
Vous auez maintenu le calme & l'abondance.

Les marbres le diront à la posterité,
Et vos neueux vn iour sur vostre authorité
Du bon gouuernement se feront vne idée:

Ils apprendront de vous à regler les estats;
Ainsi sans exercer vne charge cedée,
Aux siecles à venir vous serez Magistrats.

LES
REIOVISSANCES
DE LA PAIX,

Faites à Lyon pour sa publication au mois de Mars de l'année mil six cens soixante.

Oicy vn spectacle digne des yeux de tous les peuples, & vn triomphe digne de la pieté & de la valeur d'vn Monarque. Nos craintes sont enfin changées en autant de belles esperances, que nous auons ressenty de maux durant vne longue & cruelle guerre, qui a épuisé le sang le plus pur de deux Royaumes, & enleué la fleur de la plus vaillante noblesse. Les acclamations publiques succedent aux larmes, & aux soûpirs, & les trom-

A 4

pettes dont l'air retentit en tant de lieux, ne font plus les funestes bouches d'airain, qui ne presageoient que la mort & le carnage. Les feux que nous allumons ne font plus la desolation des Villes & des Prouinces, & le bruit des canons donne à present plus de joye que de terreur.

La Paix attenduë depuis si long-temps, & desesperée tant de fois durant les troubles de nos dernieres guerres ciuiles, vnit enfin deux illustres ennemis pour faire le bon-heur de leurs sujets, & le sang de France s'allie au sang d'Espagne, pour arrester les ruisseaux de celuy qui a souuent enflé nos riuieres, & arrosé nos campagnes.

Pax exultatio infinita prouinciarum Ennod. in vita Epiph. c. 21. Gaudij materia & argumentum Chrysost. homil. 3. ad Coloss.

Cette Ville, qui a tousiours conserué son repos durant les agitatiõs de l'Estat, s'abandonne maintenant aux mouuemens les plus doux de la joye, & pour couronner l'appareil de toutes les festes publiques du Royaume par vne magnificence digne du bien-fait qu'elle reçoit de son Souuerain, elle a donné plusieurs iours à vne pompe, qui est le premier fruit d'vne paix, qui sera de longue durée. Il y a long-temps, que

l'Europe

l'Europe n'a point eu de joye plus legitime que celle-cy, qui vnissant les cœurs de tant de peuples ouure toutes leurs bouches pour benir le Ciel de la faueur qu'ils ont receüe, & fait retentir dans toutes les Villes les noms glorieux de deux Monarques pacifiques iusqu'à rendre les rochers sensibles à nostre bon-heur dont ils repetent les saillies.

L'absence de nostre incomparable Prelat a retenu nos empressemens, & si nous auons esté des derniers à rendre ce deuoir public, ce n'a esté que pour le faire à la vüe de cette intelligence, qui regle tous nos mouuemens. Cette ceremonie auroit eu beaucoup moins d'éclat, si elle n'eut esté honorée de sa presence, & comme nous deuions à ses soins la paix dont nous auons joüy durant les derniers troubles, il estoit iuste qu'il en acheuat toute la gloire, & qu'il en receut les premieres marques de nos reconnoissances.

Ce delay a fauorisé nostre dessein, nous auons finy la plus incommode des saisons par l'extinctiō de nos malheurs, nous auons consacré le mois de Mars

La Réjouïssance

à la Paix, pour seruir d'heureux augure au repos des peuples: nous auons meslé l'oliue de nostre Monarque Pacifique aux palmes du triomphe de IESVS-CHRIST; & par vne rencontre d'autant plus heureuse, qu'elle semble vn oracle du S. Esprit, nous auons applaudy au bon-heur de la France en chantant auec l'Eglise, *Ecce Rex tuus venit tibi mansuetus.* Voicy ton Monarque, qui retourne de la plus glorieuse de ses entreprises. Ce n'est plus vn Roy armé de fer & de feu, ce n'est plus vn Roy terrible & menaçant; c'est vn Roy pacifique & débonnaire. La victoire ne fera plus marcher de dépoüilles deuant luy pour t'annoncer sa venuë; mais la paix & l'amour feront marcher à sa suite toutes les Prouinces deliurées, & lieront à son char tous les cœurs de ses sujets. On ne luy dressera pas des arcs de triomphe où ses beaux exploits soient grauez sur le marbre, & sur l'airain, mais toutes les voûtes de nos Eglises retentiront d'Hymnes & de Cantiques sacrez. Les graces luy offriront à pleines mains des fleurs, & du myrthe pour ses lauriers,

&

Le Te Deum chanté le iour des Rameaux.

& l'auguste beauté qui doit partager son trône apres auoir vny les deux partis, fera la plus belle pompe de son triomphe. L'Espagne, qui n'auoit encore aucun aduantage sur les armes de ce ieune Prince, & qui malgré les diuisions intestines du Royaume auoit vû ses Prouinces demembrées, & ses villes emportées se réjoüit d'auoir trouué des armes, qui puissent vaincre vn Monarque inuincible, & desarmer vn conquerant. Graces à l'amour cette nation si long-temps battuë a fait sa conqueste du plus genereux des Heros, & les images de Therese ont fait ce que les armées les plus nombreuses n'auoient iamais tenté sans peril. Le victorieux a receu les aimables chaisnes de son ennemie, & sans rien perdre de sa fortune dans de si beaux fers, il a fait sa captiue de sa victorieuse. Il faut pourtant que la moitié de sa couronne soit la rançon de son cœur prisonnier, qui apres l'eschange de celuy de sa conqueste ne trouuera plus de liberté assez douce, pour trauailler à son élargissement.

Nostre joye n'a plus d'eloges assez
Heroïques

Heroïques pour publier la moderation d'vn Prince, qui vient d'arracher les aisles à sa fortune, & d'énchaisner sa victoire pour faire le repos de ses sujets aux despens de ses auantages. Nos frontieres, que les dernieres guerres ont desolées le nomment leur liberateur. Les ennemis loüent sa generosité, les rebelles restablis publient hautement sa clemence & les epithetes magnifiques d'*Auguste, de Hardy, de Debonnaire, de Grand, de Sage, de Beau, de Prudent, de Magnanime & de Iuste*, que ses ancestres ont portez, sont les titres de toutes ses images, & les inscriptiõs des monumens publics que toute la France luy dresse. Il n'en est aucun neantmoins, qui luy soit plus glorieux que celuy de Pacifique, & si le plus ieune & le plus courageux de nos Louys prenoit autre fois cette qualité entre ses titres, en se souscriuant *Louys Roy de France, & Duc d'Aquitaine, fils de la Paix & de l'Eglise*. Celuy-cy peut ajoûter à son titre de fils aisné de l'Eglise celuy de *Pere de la Paix*, & de *liberateur des Peuples*.

Monseigneur nostre Archeuesque ayant

Louys le ieune en vne chartre de l'Abbaye de Barbel. Roüillard hist. de Melun f. 331.

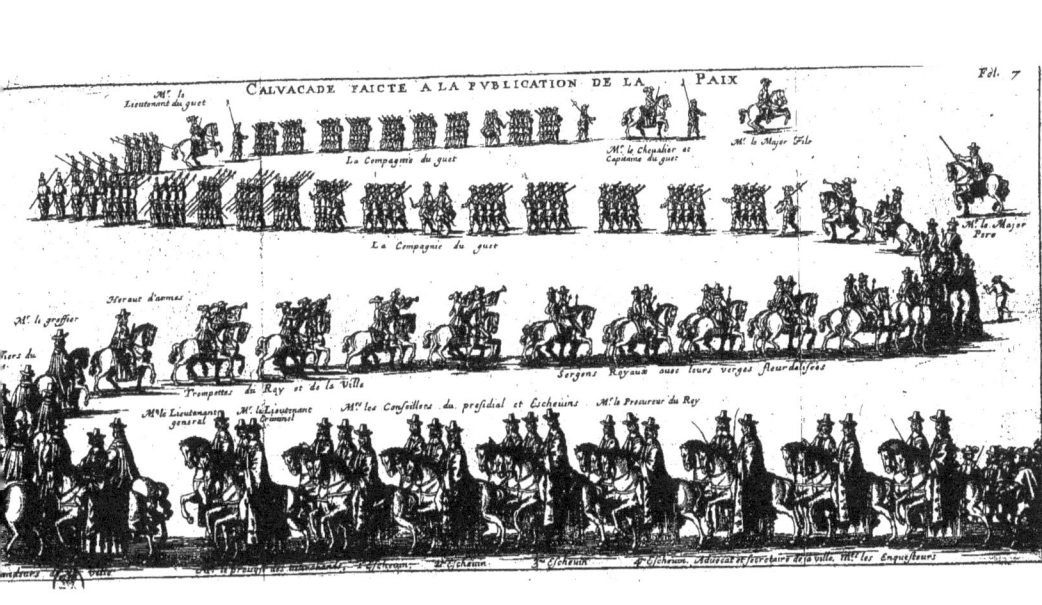

ayant receu vne lettre de cachet de Sa Majesté, qui luy commandoit de faire publier la Paix dans cette ville, la communiqua à nos Magistrats, & Messieurs les gens du Roy ayant expliqué les intentions de Sa Majesté à Messieurs du Presidial assemblez en ceremonie, apres vne harangue elegante prononcée par Monsieur Bollioud Aduocat du Roy, on conclud à la publication qui fut en mesme temps faite dans l'Audience publique, aux fanfares des trompettes, qui furent interrompus des cris de *viue le Roy*.

L'apresdiné on fit cette mesme publication dans diuerses places de la ville en cet ordre. Messieurs du Siege Presidial vestus en robes rouges, auec Messieurs les Preuost des Marchands Escheuins, & autres Officiers du Corps de Ville vestus de leurs habits de ceremonie, commencerent à faire publier la Paix à la porte du Palais par Angoulesme Heraut d'armes, vestu de sa cotte d'armes violette à fleurs de lys d'or, auec son email & son baston fleurdelisé. Apres quoy ils marcherent tous en caualcade en bel ordre par toute la ville.

Le

Le Cheualier, & Capitaine du guet, Noble Iean Baptiste Farjot, Seigneur de S. Hilaire, Conseiller & maistre d'Hostel ordinaire du Roy, Exconsul, marchoit en teste de toute sa Compagnie de trois cens hommes lestement armez : au milieu de laquelle marchoit Noble Iean Baptiste de Seuelinges Escuier, Sieur de L'Estrette, Gentilhomme ordinaire de la Chambre du Roy, Capitaine au Regimét de Guize, & Capitaine Lieutenant de la Compagnie de Monsieur le Cheualier du guet. Elle estoit suiuie des Sergens Royaux & Huissiers du Siege, montez à cheual, portans leurs verges fleurdelisées. Les Mãdeurs de Ville vestus de leurs robes violette, à la manche aux excussons de la Ville en broderie d'or & d'argent, & meslez aux Greffiers & autres Officiers du Presidial, precedoient le Heraut d'armes, accompagné de huict trompettes vestus des liurées du Roy & de la Ville. En suite desquels paroissoit le Presidial auec le Corps de Ville à sa gauche, tous montez sur des cheuaux blancs à la housse de velours noir en broderie trainante iusqu'en

de la Paix.

qu'en terre. Ils marchoient en cet ordre.

Au premier rang.

Meſſire Pierre de Seue, Baron de Flecheres, de Saint André du Coing, & Limones, Villette & Grelonges, Conſeiller du Roy en ſes Conſeils d'Eſtat & Priué; Preſident & Lieutenant general en la Seneſchauſſée, & Siege Preſidial de Lyon.

Meſſire Gaſpar de Monconis, Seigneur de Liergues & Poüilly, Conſeiller du Roy en ſes Conſeils, & ſon Lieutenant general criminel en la meſme Seneſchauſſée & Preſidial.

Meſſire Hugues de Pomey Seigneur de Rochefort les Sauuages & Rancée, Conſeiller du Roy en ſes Conſeils, Preuoſt des Marchands.

Au ſecond rang.

M. Marc Anthoine du Sauzey Seigneur de Iarnoſſe, Varennes, la Molliere, & Conſeiller du Roy, Lieutenant particulier en la Seneſchauſſée & Siege Preſidial.

M. Gaſpar Charrier Conſeiller du Roy en ſes Conſeils, Lieutenant particulier, Aſſeſſeur criminel en la meſme Seneſchauſſée & Siege Preſidial.

M. Marc Antoine Mazenod, Seigneur de Panezin, premier Escheuin.

Au troisiéme rang.

M. Izaac Congnain Escuyer, Conseillier du Roy, Magistrat en la Senechaussée & Siege Presidial de Lyon.

M. François Chapuis, Seigneur de la Fay & Laubepin, Conseiller du Roy en la Senechaussée & Siege Presidial de Lyon.

M. Charles Rougier, Escuyer, Conseiller du Roy en la Seneschaussée & Siege Presidial de ladite Ville, second Escheuin.

Au quatriéme rang.

M. André Prost Escuyer, Conseiller du Roy en la Senechaussée & Siege Presidial de Lyon.

M. Daniel Cholier Escuyer, Conseiller du Roy en la Senechaussée & Siege Presidial de Lyon.

M. Iacques Michel Seigneur de la Tour de Champ, troisiéme Escheuin.

Au cinquiéme rang.

M. Iean Vidaud Seigneur de la Tour, Conseiller du Roy en tous ses Conseils, & son Procureur en la Senechaussée & autres Iurisdictions Royales de la Ville de Lyon. M. Barthe

de la Paix.

M. Barthelemy Ferrus, Conseiller de Sa Majesté, Controleur des rentes Prouinciales en la Generalité de Moulins, quatriéme Escheuin.

Au sixiéme rang.

M. Gaspard Grolier, Escuyer, Aduocat, & Procureur General de la Ville.

M. De Moulceau, Escuyer, Secretaire de la Ville de Lyon, & Communauté d'icelle.

Au septiéme & huictiéme rang.

Messieurs Charles Couppé, Benoist Grimaud, Antoine Gaillat, & François Stouppa, Enquesteurs.

Messieurs Seuerat pere & fils exerçoient la charge de Major, dont ce dernier à la suruiuance.

Leur marche se fit au milieu de la Bourgeoisie rangée sous les armes dans les places, où elle formoit vne double haye, & on alla en cet ordre en la place des Terreaux deuant l'Hostel de Ville, qui estoit gardé par Monsieur Grolier Seigneur de Casau, Capitaine de la Ville & forces d'icelles, qui commandoit sa Compagnie de trois cens Arquebusiers, au milieu desquels la Paix

B

fut publié par Monsieur le Vefve Greffier, apres que le Heraut eut fait crier *viue le Roy*. On fit le mesme dans les places des Cordeliers, de Bellecourt, de Confort, de l'Herberie, du Change, & de S. Iean. La descharge de la mousqueterie suiuit cette publication dans tous les Quartiers, outre le carrillon des cloches, & le bruit des mortiers & des canons.

On vit au temps de cette publication deux beaux arcenciels, qui parurent assez long-temps, & qui furent des tesmoignages éclatans de l'approbation que le Ciel donnoit à cette action, & d'illustres presages du bon-heur de la Paix.

Le lendemain, iour des Rameaux, & le vingt-&-vn du mois fut destiné aux actions de graces qu'on rendit au Ciel pour vne faueur si signalée. On chanta à l'issuë de Vespres le *Te Deum* dans l'Eglise Cathedrale, auquel assista Monseigneur nostre Archeuesque, qui officia auec Messieurs les Comtes. Le Presidial, le Corps de Ville, les Tresoriers, & les Eleuz y furent presens. Et le fanfare des Trompettes, qui retentît

dans

dans cette Eglise, auec la descharge des boëtes & des canons, ouurirent les cœurs de tous les citoyens à la joye. Les fontaines de vin qui coulerent durant cette réioüissance, donnerent occasion à tout le peuple de boire à la santé de Sa Majesté, & de noyer dans cette liqueur toutes les amertumes des maux passez. Elles estoient toutes à quatre grands tuyaux, qui sortoient d'autant de meuffles de Lions.

Sur les neuf heures du soir, Monseigneur l'Archeuesque assisté de Messieurs les Preuost des Marchands & Escheuins, mit le feu à la machine dressée sur le Pont, tandis que douze Penonnages sous les armes en gardoient les auenuës & bordoient les deux Quays de la riuiere. L'apareil de la machine demande vne description particuliere, comme le succez de l'artifice exige qu'on loüe les soins & l'addresse du Sieur Bergeret Artificier ordinaire de la Ville.

* *
*

DESCRIPTION DV FEV d'Artifice dreßé sur le Pont de Saône.

LEs elemens qui seruent à toutes les productions de la nature, contribuent au bon-heur des peuples, & à la gloire des conquerans. Ceux qui les ont eu à leurs gages ont remporté sans beaucoup de peine des victoires, qui auroient lassé plusieurs Souuerains & épuisé plusieurs Prouinces.

Ces quatre grands ouuriers des merueilles de la nature, trauaillent incessamment à la gloire de nostre incomparable Monarque. La Terre s'épuise en fleurs & en couronnes, elle fait tous les iours des lauriers & des palmes pour ses triomphes, & sans gemir sous le poids de ses trofées, elle ouure son sein pour fournir des materiaux au temple que l'honneur & la vertu luy dressent dans le cœur de ce Royaume. L'Air qui porte iusqu'au bout du monde le bruit de ses victoires, & la reputation de ses armes fait oüir son nom par la bouche des trompettes, & par toutes les langues artificielles de la musique: L'Eau qui sert de champ de bataille aux armées flottantes, a rougy du sang des ennemis qu'ils a défaits; Le Feu tout ardant qu'il est, auoüe qu'il est moins agissant que ce ieune Prince, & les mouuemens qui l'agitent, sont des marques irreprochables de l'empressement qu'il a de s'employer au seruice d'vn Heros, qui fait les delices du monde.

Cet auguste triomphateur les destine à de meilleurs vsages, il en fait des Heraux de paix, & les truchemens eloquens de l'amour qu'il a pour les peuples. Il ne s'en sert plus pour donner de la terreur, il en fait les interpretes des joyes publiques, & ce Monarque desarmé commande qu'on addoucisse leur fierté pour en faire les instrumens innocens de la felicité de ses sujets.

Le feu, qui a eu le plus de part dans les guerres qu'il a faites, fait les premiers presages de la Paix, & comme il tient le rang le plus haut dans l'ordre
du

du monde, il a l'auantage sur tous les autres en ces réjoüissances publiques. Son éclat porte d'abord dans les yeux des estincelles de lumiere, qui sont les premieres auances du plaisir, & sa chaleur ouure le cœur aux plus belles saillies de la joye. Il n'est rien de plus liberal que luy, il communique ses qualitez à tout ce qui l'approche, & fait des profusions continuelles de ses lumieres. Il n'est rien de plus agissant, il est dans de continuelles inquietudes; il s'attache à tous les corps, il trauaille sur toute sorte de matiere, & transforme en sa substance tout ce qu'il penetre. Ses operations font les miracles de l'art & de la nature. Il change le sable en crystal, les poisons en remedes, les fleurs en essences, & la terre en or. Il nous empesche d'estre aueugles la moitié de nostre vie. Il brille dans les astres, il estincelle dans les rubis, il petille dans les yeux des Lions, Il s'insinuë dans leurs moüelles, & il trauaille dans tous les cœurs. Sa chaleur luy tient lieu de mains, sa flâme de langue, sa lumiere d'yeux, & sa legereté, de pieds. Il est terrible dans les mines, paisible dans le

Ciel, sacré dans nos mysteres, vtile dans nos maisons, & dangereux dans les armées. Mais il est aimable à present qu'il ne sort de la bouche des canons que pour annoncer le repos, & qu'il ne paroit dans les places publiques, que pour y dissiper les tenebres de la discorde, & pour allumer dans les cœurs des citoyens des estincelles d'amour & de reconnoissance.

Cette Ville pour donner vne grace particuliere à la joye, qui luy est commune auec toutes les autres du Royaume, a choisi vn dessein illustre pour exprimer ses sentimens d'allegresse auec plus d'esprit & de pompe; & comme elle ne forme que de hautes idées de la vertu de Sa Majesté sur les plus belles ébauches de l'histoire. LE TEMPLE DE IANVS FERME' est le sujet qu'elle a choisi pour apprendre à tous les François qu'il ne falloit pas moins qu'vn Auguste pour le fermer. En effet on n'a iamais vû des Princes timides donner la paix : Ce n'est que des mains des Heros qu'on la reçoit; & l'oliue n'a iamais couronné d'autres testes, que celles que la victoire auoit déja couronnées

de la Paix.

ronnées de palmes & de lauriers. Il n'eſt que les Numas, les Auguſtes, & les Antonins, qui portent le nom de pacifiques chez les Romains; la Grece ne l'a donné qu'à ſes liberateurs, & nos Annales en font ſeulement la gloire de Charlemagne, de Philippes Auguſte, de S. Loüis, & de Henry le Grand. Nos autres Monarques ont eſté victorieux, debonnaires, hardis, ſages, iuſtes, & courageux; mais la fortune leur a enuié ce bon-heur qu'elle refuſa au premier des Ceſars, & à tous les autres fondateurs des Monarchies.

Cette gloire eſtoit reſeruée à la pieté, & à la valeur du ieune Prince que le Ciel nous a donné, il fut le fruict glorieux des vertus & des triomphes de ſon Pere, & la Paix eſt celuy de ſes premiers trauaux. C'eſtoit à Louys Auguſte de fermer ce temple, que ſon pere auoit ouuert pour defendre ſes droits : il n'eſt pas moins victorieux que luy, & ce dernier triomphe, qu'il a remporté de ſon courage doit faire vn iour dans l'hiſtoire le plus beau trait de ſon image. Nous grauerons ſur toutes les baſes de ſes ſtatuës l'eloge racourcy que Rome graua sur les arcs de triomphes de Constantin LIBERA-TORI, ET FVNDATORI QVIETIS: *Pacifici,* Et nous adioûterons au glorieux tiltre *filij Dei* de fils aisné de l'Eglise celuy d'enfant *vocabū-* *tur.* de Dieu.

Que l'on flatte sa valeur des esperances incertaines de la conqueste du monde, celle qu'il a faite est plus glorieuse, & l'Empire des cœurs est vn Empire plus grand & plus noble, que toute la terre soumise.

Le pont qui ioint les deux parties de cette Ville est le lieu, que l'on a choisi pour dresser la Machine de ce Temple, afin que tous les yeux des Citoyens pûssent auoir part à vne ioye, qui leur est également auantageuse, & que ce milieu de la Ville (qui en est comme le cœur) exprima par des feux d'artifice, ce qu'vn feu plus doux fait dans les cœurs des Lyonnois. C'est en ce même lieu que l'on dressa le Temple de la Vertu à l'entrée de Louys le Iuste, & le Temple de la guerre ne luy a succedé, que pour estre la premiere victime de la Paix, & le premier trophée de la valeur tranquille de nostre Monarque

narque. En voicy le sujet & l'occasion.

Les Sabins ayant declaré la guerre aux Romains apres l'enleuement de leurs femmes affoiblirent cette Monarchie naissante, & obligerent Romulus de faire la Paix auec eux. Il la iura solemnellement auec Tatius leur chef, & vn Temple dressé à Ianus, en fut vn gage eternel à ces deux peuples vnis. Numa Pompilius en regla depuis les ceremonies, & le consacra à la guerre. On y offroit des sacrifices pour l'heureux succez des armées, & les victorieux y rendoient graces aux Dieux pour les batailles gagnées & pour les ennemis défaits. Il ne fut iamais fermé que trois fois, la premiere sous les Rois durant le regne de Numa, la seconde sous les Consuls, & la troisiéme sous les Empereurs apres qu'Auguste fut retourné victorieux de Marc Antoine.

Cette Ville qui ne l'a point vû ouuert pendant les guerres du Royaume le void brûler à present par vn Louys Auguste, & par des Consuls vigilans.

Ce Temple que les histoires nous ont décrit estoit representé d'vne forme quarrée, qui respondoit aux quatre parties du monde: il auoit autãt de portes par où les peuples venoiét offrir des sacrifices pour le succez de leurs combats, & presenter les dépoüilles qu'ils auoient remportées sur leurs ennemis. Plutarque ne luy en donne que deux en l'eloge de Numa, où il dit *Templum est eius bifore, quod Martis Ianuam vocant. Hoc aperiri bello & claudi pace compositâ solenne est. Quod quidem difficilis est exempli & rari.* Neantmoins les autres Autheurs luy en donnent quatre, & Ianus en a eu chez les anciens le nom de *Quadriformis.* C. Bassus en son Liure des Dieux, dit *Ianus Bifrons superûm atquè inferûm Ianitor, idem quadriformis quasi vniuersa climata maiestate complexus.*

La statuë de ce Dieu paroissoit au milieu de ces quatre portes éleuée sur vne base quarrée, où l'on voyoit des serpens pliez en rond, qui mordoient leur queuë, & qui faisoient le Symbole de l'Eternité, comme la figure quarrée l'est de la fermeté : pour apprendre aux peuples que cette Paix, que les deux Ministres ont traittée auec tant de prudence, sera vne paix de durée.

Cette Diuinité que les anciens nous ont representée à deux testes jointes

de la Paix. 25

sur vn mesme corps exprime assez bien l'vnion de ces deux Ministres pour le bien public, comme elles ont autresfois signifié l'vnion des Romains & des Sabins. Quoy qu'on ait donné diuers autres sens à cette Image, nous nous attachons presentement à celuy-cy, sans nous mettre en peine des autres rapports ingenieux que les Poëtes ont trouué sur cette figure.

La Couronne, qu'elle porte est la marque de la dignité Royale de Ianus, qui commanda dans l'Italie, aussi tient il de la droite le bâton de commandant & de la gauche vne clef, qui n'est pas moins à present la clef des cœurs, que celle de l'année & de l'abondance.

Ille tenens baculum dextrâ clauemque sinistrâ. Ouid. Fast. 1.

Les quatre portes estoient ornées de festons, & des figures des douze mois qui composent l'année auec les images des douze Signes, que des Girandoles faisoient mouuoir.

Il reste encore quelques mazures de ce Temple au marché des bœufs à Rome, & voicy ce que Pompilio Totti en dit en sa Rome Antique, où il en represente la figure, *Vedesi*

Vedesi presso al foro Boario vicino alla chiesa di S. Georgio vn grande edificio di marmo, a guisa di vn portico quadro, peroche egli ha quattro porte, e quattro faccie. queste, seguitando la maggior parte de gli scrittori, diremo che era tempio di Giano, e quel che lo fa credere, è che Giano si figura per il tempo e questo suo tempio con quattro porte significano le quattro stagioni dell'anno, vedonsi a ciascuna porta quattro Nicchi a dimostrare gli dodici mesi in che egli è partito.

Mais quand il ne nous en resteroit aucun autre vestige, que ce qu'Ouide en a écrit au premier des Fastes, ce sera vn Temple immortel.

Dans les plates bandes des quatre faces on lisoit les inscriptions qui expliquoient le sujet, & qui inuitoient les peuples à la joye, il y en auoit deux Françoises, & quatre Latines. Celle qui regardoit l'Eglise S. Nizier estoit conceüe en ces vers.

SI IADIS VN CESAR FERMA L'AVGVSTE TEMPLE
DV DEMON DE LA GVERRE, ET FIT NAISTRE LA PAIX,
DV FLAMBEAV DE L'AMOVR VN PRINCE SANS EXEMPLE
LE BRVLE MAINTENANT POVR NE L'OVVRIR IAMAIS.

Celle qui estoit opposée à la place du Change disoit ainsi.

QVITTONS LE SOVVENIR DE NOS TRAVAVX SOVFFERTS,
ET PRES D'VN FEV SI BEAV SECHONS TOVTES NOS LARMES:
VVLCAN ARRESTE MARS, IL LE TIENT DANS SES FERS
ET NE TRAVAILLE PLVS A LVY FAIRE DES ARMES.
LOVYS BRVLE SON TEMPLE, ET CE ROY GLORIEVX
NE VEVT PLVS POVR AVTELS QVE NOS COEVRS ET NOS YEVX,

Les Latines estoient placées des deux costez de la riuiere, & estoient exprimées en ces mots.

I.

SEDATIS TANDEM BELLORVM INCENDIIS
FESTIVOS IGNES EXCITA GALLIA,
VT ILLVCEAT ORBI QVIES.
NOVA EFFICE SIDERA FELICITATIS TVÆ
HOROSCOPO
ET MISSILIBVS IGNIVM LINGVIS
PVBLICA GAVDIA POPVLIS GRATVLARE.

II.

SPERATE FAVSTA PACIS AVGVRIA:
EX QVO COEPIT FELICITATIS ANNVS
RELIQVIS ESSE PRODVCTIOR.
MALORVM DAMNA
COMPENSATE PVBLICIS GAVDIIS;
DIES FASTIS ADDITA
PACIS NOMINE CONSECRETVR.
ET LAPILLO NOTANDA CANDIDO, VNIONE SIGNETVR.

L'an Bissextil.

III.

MARTIS HÆC PYRA FAX HYMENÆI EST,
QVAM E LVDOVICI PECTORE
VIVAX AMORIS FAVILLA ACCENDIT.
INSIGNITE PACIFICO REGIS NOMINE
MENSEM ALIAS MARTIVM NVNC AVGVSTVM
VER AVSPICAMINI NON ARIETIS FACIBVS
SED AMORIS.
SIC MELIORI NOMINE LVGDVNVM ERIT
CIVITAS LVCIS NON LVCTVS

Lugdunū lucis dunum.

IV.

IV.

CINERIBVS NVPER DIEM SACRAM FECERIT
METANOEA
HANC TOTAM FESTIS IGNIBVS CONSECRANT
LVGDVNENSIVM VOTA
DATE VENTIS CINERES POPVLI,
NE FELICI E BVSTO
BELLORVM HYDRA REPVLLVLET.

Sur les frontons estoient placées les quatre saisons auec leurs ornemens ordinaires. Vne seconde ordonnance de colomnes & de pilastres s'esleuoit sur ces quatre arceaux d'où Mercure suspendu en l'air descendoit en terre pour apporter les heureuses nouuelles de la Paix. L'Architraue de cet ordre soustenoit trois marches, sur lesquelles estoit posée vne base triangulaire, accompagnée des trois Graces, & sur cette base, estoit posée la nymphe Amalthée, qui soûtenoit sa corne d'abondāce & qui apportoit le rameau d'oliue pour gage de Paix. Elle faisoit le couronnement de tout l'ouurage, qui auoit quatre vingt pieds de haut.

Cette base estoit ornée de trois deuises, qui faisoient allusion à sa Majesté qui nous a donné la Paix.

La premiere estoit vne fusée allumée
auec

de la Paix. 27

auec ces mots Italiens *quel che m'auuiua m'affoga*, celuy qui m'allume me deſtruit, pour dire que Sa Majeſté apres vne illuſtre guerre, qui luy a eſté auantageuſe, la fait ceſſer pour donner la Paix à ſes ſujets, comme le feu qui allume la fuſée la conſume & la deſtruit.

La ſeconde eſtoit vn Phenix, qui ſortoit de ſon bucher, & qui prenoit l'eſſor pour s'aller expoſer aux rayons du Soleil & ces mots Eſpagnols luy ſeruent d'ame.

D'vnas llamas a otras.

D'vn feu à l'autre. Le feu de l'amour ayant enfin trouué entrée dans le cœur de noſtre Monarque en a fait ſortir celuy de la guerre.

La troiſiéme eſtoit vn éclair accompagné de ces mots TERRET SED NON DIV. Le feu de la fierté n'a pas long-temps duré dans noſtre Monarque, il luy fait ſucceder le feu de l'amour, qui eſt vn feu plus tranquille & plus ſerein.

Toute la machine faiſoit le corps d'vne autre deuiſe, dont l'ame eſtoit conceüe en ces mots Eſpagnols.

De mis llams el gozo.

C

De mes flâmes la ioye. En effet la cessation de la guerre, & sa ruine est la ioye des peuples, comme nous appellons feux de ioye ces machines que nous reduisons en cendres dans les réjoüissances publiques.

Les ornemens des frises, & des panneaux estoient des cornes d'abondance, des armes brisées, des guirlandes de fleurs, des caducées, des fleurs de lys enlassées de branches d'oliuier, & quantité d'autres symboles propres de la Paix.

L'Artifice commença par la décharge de la guerre, de l'heresie, de la discorde, & de la reuolte, qui s'efforçoiết d'empescher qu'on ne fermat les portes du Temple ; mais aussi tost que Mercure descendit, les quatre portes s'abattirent auec grand fracas.

Le pont dont on auoit abbatu les parebandes pour donner lieu à toute la largeur de la machine estoit bordé d'vn costé & d'autre d'artifices, & de plusieurs descharges de fusées : apres le fracas qui se fit à la closture du Temple, vn feu plus clair & plus serain éclaira tout le haut de la machine où estoient

de la Paix. 29

estoient les symboles de la Paix, & vne pluye éclatante d'estoiles fit paroistre vne grande multitude d'astres errans dont la chûte ne presageoit rien de funeste. L'artifice dura vne heure entiere auec des décharges cōtinuelles.

Les armes du Roy, de la Ville, & de Messeigneurs nos Gouuerneurs furent representées par des lances à feu, & l'on y leut distinctement des deux costez VIVE LE ROY, escrit par quatre cents lances à feu.

Enfin nous pouuons appliquer à cette réjoüissance ce qu'Ouide escrit en ses Fastes de la feste de Ianus.

Prospera lux oritur; linguisque, animisque fauete:
  Nunc dicenda bono sunt bona verba die.
Lite vacent aures, insanaque protinùs absint
  Iurgia, differ opus liuida turba tuum.
Cernis odoratis vt luceat ignibus æther,
  Et sonet accensis spica Cilissa focis.
Flamma nitore suo templorum verberat aurum,
  Et tremulum summâ spargit in æde iubar.

La course de Bague.

LE Lundy 22. Monsieur de Forestier Escuyer de la grande Escuirie du Roy, tenant Academie Royale en cette ville, parut sur la carriere dressée par l'ordre de Meſſieurs les Preuoſt des Marchands & Eſcheuins en la place de Bellecour, auec trente gentils hommes, montez ſur de tres-beaux cheuaux. Ils coururent la bague, en preſence de Monſeigneur noſtre Archeueſque, de Meſſieurs les Preuoſt des Marchands & Eſcheuins, & de grand nombre de Seigneurs & de Dames de conſideration.

Voicy les noms des gentils-hommes qui coururent, pour le prix donné par Meſſieurs les Preuoſt des Marchands & Eſcheuins.

M. Le Baron de Rouſſillon, de Bourgogne.

M. Le Comte de Vvalterskirken de Vienne en Auſtriche.

M. Le Baron de Queriere de Viuaretz.

Monſieur De Champerny, Page de Monſeigneur l'Archeueſque.

M. De Greſolles, Page de Monſeigneur l'Archeueſque.

M. De Seuelinges, Page de Monſeigneur l'Archeueſque.

M. Le Baron de Fredeuille d'Auuergne.

M. Le

de la Paix. 31

M. Le Comte de Saltzbourg, de Vienne en Austriche.

M. De Guillaumont, gentil homme Prouençal.

M. De Chasteau-neuf, gentil-homme du Comtat.

M. Le Baron de Ste Helene, fils de M. le Comte de la Valdisere en Sauoye.

M. De Vedrines gentil-homme d'Auuergne.

M. D'Auxon, gentil-hôme Comtois.

M. De Baratier gentil-homme Lyonnois.

M. De Ville-neufve, gentil-homme Prouençal.

M. De Fourbin, gentil-homme Prouençal.

Messieurs les Barons de la Bussiere freres, gentils-hommes Lyonnois.

Ce furent ceux qui coururent la bague. M. de Seuelinges page de Monseigneur l'Archeuesque fut celuy qui gagna le prix d'vne tres-belle espée, & d'vn fort riche baudrier.

La lice fut ouuerte sur les deux heures apres midy, & apres auoir pris les mesures, on fit trois courses, huict Trompettes animoient cette action, &

C 3

fanfaroiét agreablement apres châque dedans. Enfin chacun loüa l'addresse de ces Gentils-hommes, & les soins de M. de Forestier, que le Roy auoit déja loüé durant son sejour en cette Ville, allant souuent en son Academie assister aux exercices, que Sa Majesté faisoit aussi elle mesme faire à ses Mousquetaires, & à son Regiment des Gardes.

Les Gentils-hommes qu'ils estoient autour de la carriere estoient.

M. De Luzy, gentil-homme de Viuaretz.

M. Des Escures, gentil-homme de Bourbonnois.

M. De Rochebonne, gentil-homme Lyonnois.

M. De Chauanieu, gentil-homme Lyonnois.

M. De Chanzay, gentil-homme de Beaujolois.

M. De L'Auloire, gentil-homme de Viuaretz.

M. De S. Hilaire, gentil-homme de Normandie.

M. De Viterole, gentil-homme de Dauphiné.

LES REIOVISSANCES
particulieres.

TOus les quartiers de cette Ville ont donné des marques particulieres de leur ioye, & pour le faire auec plus de soin, ils ont voulu que leur despense ne fut pas seulement magnifique, mais encore ingenieuse. C'est pourquoy outre les tables dressées dans les places & dans les ruës chacun à fait vn feu d'artifice, & tous ont choisi des sujets differés pour donner plus de varieté à ces diuertissemens. Nos Magistrats pour faire durer plus long-temps des réjoüissances si belles assignerent deux iours à ces artifices apres que le grand eut esté fait,& comme la ville est diuisée en deux par la Saone, on dõna le Lũdy 22.du mois au costé de l'Eglise S. Iean, & le Mardy suiuant au costé de l'Eglise S.Nizier. Tous les Pennonages de ces deux moitiez de Ville furét sous les armes durãt le iour, & aussi-tost que la nuict fut venüe on vit toute cette grande Ville en feu par la multitude des lanternes, dont toutes les fenestres des maisons estoient éclairées, les vnes figurées en fleurs de lys, en écussons des armes de France, en couronnes, en guirlandes d'oliuier, en cœurs, & en cent autres manieres. Les cordons de plusieurs bastimens estoient bordez d'vn grand nombre de lamperons, & l'Hostel de Ville brilloit de tant de feux & si bien disposez, que sa seule vûe, & celle de nos ruës faisoit l'estonnement des estrangers.

Messieurs les Comtes de S. Iean garnirêt la façade de leur Eglise de lanternes, qui representoient les armes de tous les Gentils-hommes, qui composent cet auguste Corps. Celles de nos Gouuerneurs & de nos Magistrats estoiét aussi aux fenestres de l'Hostel de Ville. Les Eglises & les Maisons Religieuses voulurent auoir part à la pompe de ces feux innocens, tous leurs clochers en estoiét éclairez, & sembloient autant de phares au milieu des tenebres de la nuict.

Quelques particuliers voulurent aussi contribuër à la ioye publique, entre lesquels le Sieur Pelletier Ingenieur, fit admirer son addresse ; il exposa par vne fenestre de son logis vne machine qui

qui s'auançoit iufqu'au milieu de la ruë, & qui repreſentoit les armes de France couronnées dans le Ciel, & placées dans le corps d'vn Soleil qui perçoit la nuë pour montrer, que l'éclat de noſtre Monarque a triomphé des obſtacles qui s'oppoſent à ſes deſſeins, & diſſipé les tenebres, & les broüillards que le demon de la guerre auoit éleuez.

L'Ecuſſon des armes eſtoit fixe ſur vn grand cercle mobile d'or, dont le mouuement balançoit en equilibre trente lampes diuerſement colorées, & allumées l'eſpace de cinq à ſix heures. La couronne qui faiſoit le haut de la machine, auoit auſſi le mouuement circulaire, & portoit ſoixante autres lampes mûes de la meſme maniere, tandis que dix autres lampes fixes ſeruoient à diſtinguer les mouuemens, & éclairoient les chiffres de ſa Majeſté, vn ciel ſemé d'eſtoiles, & de fleurs de lys, auec quelques inſcriptions de *viue le Roy, & viue Louys*, au milieu s'eleuoit vne colomne entre vn coq & vn Lion, & comme dans Rome on auoit dreſſé vne colomne bellique, d'où l'on auoit coûtume de lancer vne jaueline vers le païs à qui on declaroit la guerre ; celle cy estoit vne colomne de paix, & la décharge de six partemens de fusées termina toute la montre de cette machine, qui fut exposée deux soirs auec le mesme artifice.

Desseins des feux particuliers.

Messieurs les Comtes de S. Iean, qui paroissent des plus zelez, en tout ce qui regarde la gloire de nostre Monarque, dresserent en leur place vn Portique à quatre faces, & le sujet de cette Machine estoit la paix conceuë dans Lyon, aussi voyoit on dans chacune de ces faces la paix assise entre des Lions qu'elle sembloit couronner d'vn rameau d'oliue, tandis que des Soldats desarmez, & posez sur les angles de la Machine témoignoient leur douleur de se voir sans occupation, cependant la renommée qui estoit posée au plus haut de ce Portique enfloit toutes ses trompettes pour annoncer le repos aux peuples, & ce vers apprenoit à tout le monde que nostre Monarque victorieux ne pense plus qu'à la paix.

Hostibus edomitis lauris annectit oliuam.

de la Paix. 37

Comme ie ne puis pas m'attacher à vn ordre reglé dans la suite des desseins que ie décriray, ne voulant oster à personne le rang qui luy est dû, ie vous donne icy celuy de tous nos pennonages, & de leurs Officiers selon l'ancienneté des Capitaines, ne gardant en suite aucun ordre dans la description de nos feux.

Noms & qualitez de Messieurs les Capitaines Penons, Lieutenants & Enseignes de la Ville de Lyon, selon le rang de leurs receptions.

I.

Au quartier du Plastre S. Esprit, M. Gaspar de Monconis, Seigneur de Liergues & Poüilly, Conseillier du Roy en ses Conseils, & son Lieutenant general criminel en la Senechaussée & Siege Presidial de Lyon, Capitaine Penon, M. Gaspard Geneuie Lieutenant, M. Claude de Bely Enseigne.

II.

Au quartier de Pierre Scize, M. Cezar Beraud Conseiller du Roy, Receueur general, & payeur des rentes de l'Hostel de Ville de Lyon, Capitaine Penon,

Penon, M. Iean Troüilleu dit la Rochette Lieutenant, M. Claude Riuoiron Enseigne.

III.

Au quartier S. Iust, Noble Louys Chapuis, Iuge de l'Archeuesché & Comte de Lyon, Capitaine Penon, Noble Matthieu Duxio Aduocat en Parlement, Conseillier du Roy, Eslû en l'Eslection de Lyon Lieutenant, Noble Maurice d'Arlery Aduocat en Parlement, Iuge ciuil & criminel du Marquizat de Miribert en Bresse Enseigne.

IV.

La Grenette, M. Claude Morand Capitaine Penon, M. Antoine Morand Lieutenant, M. Benoist Coste Enseigne.

V.

Le Change, M. Camille Demerle, Seigneur de Gregny, Conseillier du Roy, & Tresorier general de France en la generalité de Lyonnois, Forests, & Baujolois, Capitaine Penon, M. Louys Desprez, Lieutenant ; M. Iean Philibert, Enseigne.

VI.

Porte Froc, M. Pierre de Seue, Baron

de la Paix. 39

ron de Flecheres, de Sainct André du Coing, & Limones, Villette & Grelonge, Conseillier du Roy en ses Conseils d'Estat & Privé, President & Lieutenant General en la Senechaussée, & Siege Presidial de Lyon, Capitaine Penon. M. Iustinian Croppet Escuyer, Seigneur d'Herigny & De Varissan, Conseiller du Roy, Maistre des portes, ponts, & passages de l'ancien gouvernement de Lyonnois Lieutenant ; M. Philibert Depoisat, Procureur és Cours de Lyon, Enseigne.

VII.

Ruë de Flandre, M. Fançois Tremel Capitaine Penon; Noble Iean de Seue, Intendant de la Doüanne pour Messieurs de la Ville de Lyon, Lieutenant; Noble Antoine Roland, Enseigne.

VIII.

Ruë Tramassac, M. Hugues de Pomey, Seigneur de Rochefort les Sauuages & Rancé, Conseiller du Roy en ses Conseils, Preuost des Marchands; Noble François Demeaux, Seigneur de Charnaux, Conseiller du Roy en la Senechaussée & Siege Presidial de Lyon, Lieutenant; M. André Perrodon Notaire

Notaire Royal, & Procureur en la Cour de Lyon, Enseigne.

IX.

La ruë Merciere, M. Iean Teuenet Bourgeois, Capitaine Penon; M. Antoine Richard, Lieutenant; M. Claude Liuet, Enseigne.

X.

Au Quartier de Confort, M. Irenée Barlet Bourgeois, Capitaine Penon, M. Antoine Iuillieron, Lieutenant; M. Estienne Satin, Enseigne.

XI.

La grand ruë, M. Antoine Debrioude, Capitaine Penon; M. Iean Baptiste Tioly, Lieutenant; M. Pierre Fillon, Enseigne.

XII.

Ruë Tomassin, Claude Cheruin dit Riuiere Bourgeois, Capitaine Penon; Laurent Anisson, Lieutenant; Estienne Cheruin, Enseigne.

XIII.

Au Quartier de la Boucherie S. Paul, M. Gabriel Puilata, Capitaine Penon; Antoine Rongeat, Lieutenant; M. Pierre Deruieu, Enseigne.

XIV.

de la Paix.

XIV.

Bourchanin & Bellecourt, M. Guillaume de Seue, Seigneur de Laual, Conseiller au Conseil de son Altesse Royale, & premier President au Parlement de Dombes, seant à Lyon, Capitaine Penon ; M. Louys Simple, Lieutenant ; M. Humbert de Rilieu, Bourgeois, Enseigne.

XV.

Puits du Sel, Noble Guillaume de Sarde Conseillier & Tresorier general en la Generalité de Lyon ; Capitaine Penon ; M. Louys Dubost, Lieutenant ; M. Ioseph Chomery, Enseigne.

XVI.

Quartiers des Cordeliers, Noble Hierosme Murat Escuyer, Seigneur Dexpanier & Demontferrant, Capitaine, Penon ; M. Barthelemy Violette, Lieutenant ; M. Corneille Hugonin, Enseigne.

XVII.

Place S. Nizier, Noble Louys Decoton, Capitaine Penon ; M. Estienne Dumas, Lieutenant ; Noble Charles Perrin, Enseigne.

XVIII.

Au Quartier S. George, Noble

Baptiste Farjot, Seigneur de S. Hilaire, Conseiller, & maistre d'Hostel ordinaire du Roy Capitaine Penon. M. Iean Baptiste Isaac, Lieutenant: M. Glatoud Procureur és Cours de Lyon, Eenseigne.   XIX.

Au Quartier de la Fontaine S. Marcel, M. Gaspard Grolier Aduocat, & Procureur general de la Ville, Capitaine Penon: M. Matthieu de Conte, Lieutenant: M. Iacque Maton, Enseigne.   XX.

Ruë de la Lanterne, M. Rodolphe Cerise Capitaine Penon: M. Iean Baptiste Fresse, Lieutenant: M. Claude Gros, Enseigne.

XXI.

La ruë Paradis, M. Iean Vidaut Seigneur de la Tour, Conseillier du Roy en tous ses Conseils, son Procureur en la Senechaussée & Siege Presidial, Conseruations, Mareschaussées & autres Iurisdictions Royales de la Ville de Lyon, Capitaine Penon: M. Abraham Pause Bourgeois, Lieutenant: M. Estienne Flandrin, Enseigne.

XXI.

Au Quartier de la Iuifverie, Noble
                    Barthelemy

Barthelemy Guefton, Sieur de la Buiſ-
fieres & de la Duchere, Conſeiller du
Roy, & Treſorier de France en la generalité de Lyon, Capitaine Penon; Noble Iean Mercier Conſeiller du Roy,
& Treſorier general en la generalité de
Lyon, Lieutenant: M. François Stouppa
Docteur és droicts, Enqueſteur, Com-
miſſaire, Examinateur en la Senechauſ-
ſée & Siege Preſidial de Lyon, Enſeigne.   XXIII.

Bourg neuf, Noble Louys Guerin, Of-
ficier de la Monnoye Capitaine Penon:
M. Madinier, Lieutenant: M. Louys
Buſſiere, Enſeigne.

XXIV.

Au Quartier de ruë Neufve, Noble
François Raton, Capitaine Penon:
Noble Pierre Malet, Conſeillier de ſon
Alteſſe Royale & ſon Aduocat gene-
ral au Parlement de Dombes, Lieute-
nant: M. Pierre Giron, Enſeigne.

XXV.

Quartier du Griffon, Noble Pierre
Cochardet, Treſorier de France en
la generalité de Lyon, Capitaine Penon: M. François Sparron, Lieutenant: M. Claude Teuenard, Enſeigne.

D

XXVI.

Le port du Temple, Noble Barthelemy Ferrus, Conseillier du Roy, Controleur des rentes Prouinciales en la generalité de Moulins, Escheuin de la ville & Communauté de Lyon, Capitaine Penon : M. Claude Dufour Bourgeois, Lieutenant : M. Charles Bailly, Enseigne.

XXVII.

Port S. Paul, M. Claude Madiere, Capitaine Penon: M. Antoine Michon, Lieutenant : M. Camille Couppé, Seigneur de la Genettiere Enseigne.

XXVIII.

L'herberie, Noble Matthieu Ferrus, Capitaine Penon : M. Iacque Bellet, Lieutenant : M. Romans Thomé, Enseigne.

XXIX.

Coste S. Sebastien, M. Iacques Pillheote Escuyer, Seigneur de la Pape & Messimy, Conseillier du Roy en la Senechaussée & Siege Presidial de Lyon, & son Garde des Seaux audit Presidial, & Maistre des Requestes au Parlement de Dombes, Capitaine Penon: Claude Bonet, Lieutenant : M. Iean Tramard, Enseigne.

de la Paix. 45

XXX.

Quartier S. Pierre, Noble Loüys de Bais, Capitaine Penon : M. Guillaume Perier, Lieutenant : M. Barthelemy Blauf, Enseigne.

XXXI.

Quartier S. Vincent, M. François de Baglion Chevalier, Seigneur de Saillan, Baron de Ions, Comte de la Sale, Capitaine Lieutenant de la Compagnie d'Ordonnance de M. le Comte de Monreuel, Capitaine Penon : M. Enemon Maurice, Lieutenant: M. Antoine Depoge, Enseigne.

XXXII.

Puits de la Croisette, M. Marc-Antoine du Sauzey, Seigneur de Iarnossé, Varennes, la Molliere, &c. Conseillier du Roy, Lieutenant Particulier en la Senechaussée & Siege Presidial, Capitaine Penon : M. Iacques Ofray, Lieutenant : M. Odinet Ducoin, Enseigne.

XXXIII.

La haute Grenette, M. Pierre Vernay, Capitaine Penon : M. Iean Bertrand, Lieutenant : M. Claude Huuet. Enseigne. XXXIV.

Ruë trois Maries, Messire Gabriel

D 2

de Busillet, Seigneur de Messimieu lez Ansce, Cheualier de l'Ordre du Roy, Conseiller au Conseil de son Altesse Royale, & Cheualier d'honneur en la Cour de Parlement de Dombes : M. Iean Ferdinand Bullioud Escuyer, Seigneur de Coissieu, Lieutenant: M. Iean Baptiste Fayard, Enseigne.

XXXV.

Quartier de Gourguillon, Noble Hierosme Chausse Escuyer, Capitaine Penon : M. Iean Delicessons, Lieutenant : Noble Iean Baptiste de Charesieu, Sieur de Charpilliet, Enseigne.

XXXVI.

Boucherie de l'Hospital, M. Girardon, Capitaine Penon : M. Iean Pouchat, Lieutenant : M. Michel Vaubertrand, Enseigne.

XXXVII.

Groslée, & Bon-rencontre, M. Iean André Bourdin, Capitaine Penon : M. Claude Durant, Lieutenant: M. Michel Charuin, Enseigne.

XXXVIII.

La Pescherie, M. Iean Guerrie, Lieutenant, M. Antoine de la Forest, Ensegine.

Le

Le Quartier de ruë Tramaſſac.

Monſieur le Preuoſt des Marchands ne ſe contentant pas d'auoir donné des marques publiques de ſon zele pour la gloire de noſtre Monarque, dans toutes les ceremonies de ſa charge en voulut encore donner de priuées, & comme Capitaine d'vn Quartier faire vne deſpenſe particuliere, qui a ſeruy d'exemple à tous ceux qui ſont dans la meſme charge. Le ſujet qu'il choiſit pour ce deſſein eſtoit propre de ſon Quartier qui porte le nom de ruë du Bœuf, à cauſe d'vne image de pierre de cet animal poſée ſur l'angle d'vne maiſon qui fait le coin de la place d'armes de ce quartier. Le quatrieſme liure des Georgiques de Virgile luy fournit l'argument de la machine dont voicy la deſcription tirée de ce Poëte.

Le Berger Ariſtée ayant perdu ſes abeilles, qui faiſoient preſque ſon vnique reuenu, ſortit de la Theſſalie pour faire ſes plaintes à Cyrene ſa mere, qui estoit nymphe des eaux & qui habitoit à la source du Penée: ses larmes auoiēt déja troublé les eaux pures de cette source, & ses gemissemens estoient arriuez aux oreilles des Nymphes, quand Arethuse sortit pour apprendre la cause de ce trouble; elle reconnut aussi tost Aristée, & ayant aduerty Cyrene sa Sœur de la tristesse & des larmes de son fils, elle l'introduisit dans ce Palais de chrystal, ou il témoigna à sa mere le deplaisir qu'il ressentoit de la perte qu'il auoit faite en vn temps ou elle l'auoit flatté de l'amour des dieux, & de l'esperance de l'esperance de l'immortalité, elle essuya ses larmes, & le conduisant sous les eaux luy fit voir l'antre ou Protée auoit coûtume de reposer durant les chaleurs de midy, luy cōmandant de se tenir caché iusqu'à ce que ce Dieu fut endormy, & de le lier durant son sommeil pour l'obliger à luy dire la cause de la colere des Dieux. Il executa soigneusemeut les ordres que sa mere luy auoit donnez, & tenant Protée ne le lascha point qu'il n'eust sceu de luy que c'estoit Orphée, qui auoit causé ce desordre pour se venger

de

de la mort de sa femme Eurydice qui auoit esté morduë d'vn serpent en fuyant ce berger, & qu'il ne restoit aucun moyen d'appaiser les Dieux irritez qu'en leur offrant des sacrifices. Aristée ayant rendu la liberté à son captif, retourne en son païs, & prenant les plus beaux bœufs de son troupeau les immola aux manes d'Orphée & d'Eurydice, qu'il vouloit appaiser. Au neufuiéfme iour de son sacrifice, allant voir les restes de ses victimes, il vit des essains d'abeilles, qui sortoient des entrailles de ses bœufs, & qui s'allerent attacher à vn arbre.

Hic verò subitum, ac dictu mirabile, monstrá
Aspiciunt : liquefacta boum per viscera toto
Stridere apes utero, & ruptis effervere costis
Construere, & lentis vuam demittere ramis.

Cette representation estoit éleuée sur vn portique quarré, qui luy seruoit de base. Au dessus Aristée estoit representé deuant vn Autel antique, au pied duquel estoit estendu vn bœuf dont sortoit quantité d'abeilles qui s'attachoient à vn arbre.

Les personnes intelligentes connurent d'abord le sens de cette fable, & virent que ce berger estoit le symbole de monsieur le Preuost des Marchands. Il y a long-temps que les troupeaux representent les peuples, & les Pasteurs, ceux qui en ont la conduite. Nous trouuons mesme dans l'histoire, que les premiers Rois de l'Egypte & de la Iudée furent pris entre les bergers, comme Cyrus fut éleué parmy eux pour apprendre à gouuerner.

Le bœuf estendu representoit la soumission de ce Quartier, qui est tousjours prest de sacrifier sa vie pour son Souuerain, sous les ordres de son Capitaine. L'essaim d'abeilles estoit le symbole de ce Pennonage. En effet qui le pourroit mieux representer que ces trouppes armées, d'éguillons pour leur defense & pour le seruice de leur Roy. L'application en estoit faite par deux deuises dont l'vne estoit conceüe en ces termes, *Nascimur obsequio Regis*. Nous naissons pour seruir le Roy. L'autre en ceux-cy *& Regi & superis*. Tout le trauail de ces ouurieres, innocentes ne tend qu'à honorer Dieu sur ses Autels par la cire qu'elles forment, & qu'à

seruir

Q. du Change. Fol. 51

de la Paix. 51

seruir leur Roy, qu'elles n'abandōnent iamais. L'arbre estoit encore le symbole de M. le Preuost des Marchands, qui en a vn dans ses armes, & qui tient sous sa protection tout son quartier representé par l'essaim.

Le Quartier du Change.

LE dessein estoit les douceurs de la Paix, representées par des fleurs & des fruicts, qui faisoient vn trophée, sur lequel elle estoit assise, ayant à ses pieds des armes rompuës auec ces vers. *Dum languent hostes, Pax Imperat, otia regnant.*

Le quartier des trois Maries.

LA Machine estoit vne haute pyramide surmontée d'vne colombe qui portoit le rameau d'oliue, & posée sur vne base aussi triangulaire ou estoient representées trois Deesses, Flora, Ceres, & Minerue, pour apprendre que la Paix est agreable, vtile & honneste,

honneste, aussi semble-il que ces trois diuinitez sont les plus interessées aux soins de la Paix, qui conserue les beautez de la campagne, qui multiplie la recolte, & qui fait fleurir les arts.

Le Quartier de Gourguillon.

Deux genies, qui se donnoient la main sur vn cœur representoiēt l'alliance de France & d'Espagne, qui a esté cause de la Paix, auec ces deux vers.

L'Alliance & la Paix entre ces deux grands Rois,
Nous obligent d'vnir & nos cœurs, & nos voix.
   Et ces trois actes Latins.
Cælestes genitæ nunc rapta resumite sceptra,
Mortales etiam belli deponite curas.
Quæ Mars expulerat Pax exoptata reducit.

Le Quartier de Porte Froc.

Ce feu dont l'artifice ne ceda en rien à tous les autres, pour la diuersité & le nombre de ses departe-

mens representoit vn dome, semblable áux lanternes des Temples antiques, aussi estoit ce le dome du Temple de Paix. Il estoit posé en la place de Flecheres, à qui la maison du Capitaine Penon à donné le nom.

Le Quartier de la Boucherie S. Paul.

MArs estoit enchaisné par des amours, tandis que quatre autres rompoient des armes sur les quatre faces du portique, qui seruoit de base à cette representation.

Le Quartier de la Iuifverie.

LA discorde representée auec ses cheueux de serpens, se rongeoit le cœur de dépit, de voir les armes brisées & inutiles auec cette inscription.

Inflammor quia inflammare non potui.

Le Quartier de rue de Flandres.

LA machine estoit dressée deuant la Doane, & representoit vne Bellonne enchaisnée entre deux colomnes semblables à celles d'Hercule, l'vne desquelles estoit semée de fleurs de lys, & l'autre de Chasteaux & de lyons; on lisoit sur le bouclier de cette Deesse de la guerre *Non vltra*, & sur les deux faces de la base de la machine ces huict vers Latins.

Iam satis armorum est, tandem Bellona feroces
  Pone animos, nam te vincula sola manent.
Non aliud post-hac quatiet tua dextera ferrum,
  Herculis & gemini tu patiere iugum.

X.

Non vltrà sænire licet, Mars impius orbe
  Exulat, & festis nunc micat Æthra focis.
Martius ergo olim fuerit dum bella vigerent:
  Hic alio mensis nomine Pacis erit.

Q. ruë de Flandres   Fol. 54

Le Quartier du port S. Paul.

LA Machine de ce quartier fut d'vn artifice particulier, car elle fut en partie conseruée, & en partie brûlée. Elle representoit le triomphe de la paix, dont la figure estoit esleuée sur vne haute base quarrée, mais cette Deesse estoit enueloppée de la representation d'vne furie, qui ayant esté consumée par les flâmes fit paroistre cette paix desirée si long-temps. L'inscription faisoit allusion à ce changement.

PHOENICEM NOVVM
LVGDVNVM SVSPICE
E BELLI CINERE PAX NASCITVR.

Sur vne des faces de la base estoit representé vn Mars sacrifié sur l'Autel de la paix auec cette deuise.

PRIMA HÆC CADAT HOSTIA PACI.

Sur la seconde, deux mains iointes qui tenoient vn caducée.

COEVNT IN FOEDERA DEXTRÆ.

Sur le troisiéme vn fracas d'armes.

CEDANT ARMA ROGIS CEDAT DISCORDIA PACI.

Sur la quatriéme, vn petit amour qui enchaifnoit des cœurs.

PARANTVR MVNERA PACI.

La premiere & la troisiéme face furent seulement brûlées, les deux autres subsisterent.

Quartier du grenier à Sel.

LE feu de ce quartier n'auoit pour ornement que les armes du Roy & de la Ville.

Quartier S. George.

LA figure de cette machine estoit triangulaire, & monstroit trois faces, où estoient representées trois choses opposées, ou plutost la victoire de la Paix, de l'amour, & du calme sur leurs ennemies.

En la premiere face la paix triomphoit de la guerre, & inuitoit les peuples à la ioye par ces vers.

O peuple d'ennuis abbatu,
Quitte la crainte & la tristesse,

Et que l'air ne soit plus battu,
Que du bruit des canons, & des cris d'allegresse.

En la seconde face l'amour triomphoit de la haine, & applaudissoit à nostre Monarque pacifique victorieux de tous les cœurs.

Enfin le Phenix des vainqueurs
A rendu toutes choses calmes,
Et triomphe d'autant de cœurs,
Qu'il a iamais cueilly de lauriers & de palmes.

En la troisiéme face le calme triomphoit de la tempeste. L'inscription inuitoit tous les citoyens à témoigner leurs reconnoissances à leur liberateur.

Ce Monarque dont la clemence
Soumet tout le monde à sa Loy
Merite pour reconnoissance,
Que nous disions cent fois vive, vive le Roy.

Le costé de S. Nizier ne voulut point ceder en magnificence à celuy de S. Iean, & le Mardy 23. fut le iour assigné aux vingt-quatre pennonages, qui le composent.

Quartier de la fontaine S. Marcel.

LA place des Terreaux fut le lieu deſtiné à ſon feu d'artifice qu'on plaça deuant l'Hoſtel de Ville, le ſujet eſtoit le ſiecle d'or, victorieux du ſiecle de fer. La machine repreſentoit vne grande voute de rocaille, ſemblable aux antres, qu'habiterent les premiers hommes dans ces temps bien-heureux, que l'hiſtoire & la fable nous ont décrits. Le ſiecle de fer renuerſé ſur le haut de ces rochers, qui luy ouuroient vn precipice ſeruoit de trophée au ſiecle d'or couronné d'eſtoiles, & ſoutenant vne corne d'abondances, d'où ſortoient des pieces d'or pour alluſion aux armes de la famille des Groliers qui porte d'azur à trois bezans d'or rangez en faſces & ſommez, d'autant d'eſtoiles d'argent rangées de meſme. Vne grande ruche, ſur laquelle le ſiecle d'or eſtoit eleué, repreſentoit non ſeulement la douceur des premiers temps par le miel, qui en fait le ſymbole; mais encore la conduite d'vne Ville & d'vne

Q. de la fontaine S. Marcel — Fol. 58

Communauté bien reglée à l'exemple des abeilles. Vne inscription Latine inuitoit les Alchimistes à venir apprendre de la Paix le secret de faire de l'or, elle estoit conceuë en ces termes.

HVC ACCEDITE CINI FLONES
VBI MIRACVLORVM ARTIFEX IGNIS
VERAM EDOCET CHRYSOPOEIAM,
DVM SOECVLVM FERREVM MVTAT IN
AVREVM.

Le Quartier S. Vincent.

CE quartier qui se trouue en l'vne des extremitez de la ville auoit dressé vne machine quarrée, garnie d'vn bel artifice, auec cette inscription. IGNIS ISTE EST SYMBOLVM PACIS. On dressa des tentes le long du pont de bois, sous lesquelles furent placées des tables pour tous ceux du quartier, qui souperent sous les armes, en réjouïssance de la Paix.

E

Quartier de la Lanterne.

LE sujet estoit le Tombeau de Mars sur lequel l'Amour victorieux dressoit vn trophée. On voyoit ce Tombeau éleué au milieu d'vne balustrade en quarré, il estoit fait à l'antique & seruoit de base à vn petit amour armé de sa trousse & de son arc, qui apres auoir dressé sur vn cerisier vn trophée des armes de son aduersaire vaincu, écriuoit de la pointe d'vn trait sur le bouclier *Mars tandem cessit Amori.* Le cerisier faisoit allusion à M. Cerise Capitaine de ce quartier. L'inscription estoit sur le tombeau en forme d'Epitaphe.

D. M.

AD MARTIS INFERIAS
AFFERTE CIVES RISVS NON LACHRIMAS
NIHIL OPVS HVIC BVSTO PRÆFICIS,
POSTQVAM VIVENTI FLETVM DEDIMVS PLVSQVAM SATIS
INIVSTO NVMINI IVSTA NE SOLVITE,
NEC PARENTALIA FACITE PARRICIDÆ,
IGNIS RELIQVIAS VINO RESPERGITE
DVM NON ALIÆ EX HOC CINERE ELAMMÆ IMICANT
QVAM FESTIVÆ.

Quartier

Quartier du Plastre S. Esprit.

Monsieur le Lieutenant criminel Capitaine de ce quartier choisit pour sujet la Paix du monde entretenuë par l'accord des elemens. L'Amour posé sur vn grand piedestal, tenoit des deux mains les quatre elemens, posez sur les angles de ce mesme piedestal, & vnissoit de la droite le feu & la terre qui sont symboliques en secheresse & en chaleur, & de la gauche l'air & l'eau qui sont symboliques en froid & en humidité. Ce vers du premier liure des Metamorphoses d'Ouide peint tout autour de la frise, expliquoit tout le sujet.

DISSOCIATA LOCIS CONCORDI PACE LIGAVIT.

Le feu estoit vestu de couleur rouge semé d'estincelles auec vne couronne de flâmes & vne Salemandre à ses pieds.

L'air de bleu celeste semé de foudres, & d'arcenciels, couronné d'estoiles, auec vn aigle à ses pieds.

L'eau de verd de Mer semé de poissons, couronnée de ioncs & de glayeulx, vn Dauphin à ses pieds.

La terre de verd gay semé de fleurs, couronnée de tours, vn lion à ses pieds: dans deux des faces de la base estoient peints deux emblemes : d'vn costé Mars, qui remettoit son espée dans le fourreau, de l'autre des Soldats qui faisoient des faisseaux de piques, d'autres qui portoient des mousquets, & qui rouloient des canons dans vn Arsenal, dans les deux autres faces estoient les inscriptions suiuantes.

Les elemens, qui font la gloire
Du ieune Monarque des lys
De tous nos maux ensequelis.
Luy font vne éclatante histoire.

Apres vne sanglante guerre,
Ils promettent à nos vainqueurs
L'Auguste triomphe des cœurs
Et la paix de toute la terre.

L'artifice estoit composé de dix douzaines de fusées, dix douzaines de serpenteaux, auec leurs pots & lances à feu, six douzaines de lances à feu, quatre douzaines de saucissons & deux douzaines

douzaines de girandoles, la petitesse du lieu où la machine estoit dressée n'ayant pû souffrir vn plus grand artifice.

Le quartier S. Pierre.

CE quartier choisit pour sujet Hercule qui terrassoit l'hydre ; on voyoit cét Heros vestu de sa peau de lion & armé de sa masse ; dont il abbatoit les testes de ce monstre ; qui representoit la guerre. La premiere inscription tirée d'vn vers de Seneque, s'appliquoit à la peau de lion, & faisoit allusion aux victoires, que Sa Majesté a remportées en Flandres.

———————— Pro spoliis gerit
Quæ timuit & quæ fudit.

La seconde temoignoit la ioye que reçoiuent nos Citoyens, de voir la guerre terrassée par nostre Hercule.

EXTINCTA TANDEM BELLORVM HYDRA EST;
ET CÆSORVM CAPITVM RELIQVIAS
FESTIVIS VRIMVS IGNIBVS.
ALCIDI NOSTRO
VICTORI SEMPER NVNCQVE PACIFICO

DVM TORMENTIS MILLE PLAVDITVR,
LÆTITIÆ VOCIBVS
PACEM REDDITAM GRATVLAMVR.

Le Quartier S. Nisier.

LA Machine estoit de forme quarrée & ses quatre diuerses faces montroient en quatre emblemes les auantages de la Paix.

Au premier on voyoit la Paix, qui fouloit aux pieds vn dragon, & se montroit sous cét embleme victorieuse de la rebellion auec cette inscription.

CALCANS ILLÆSA DRACONEM.
Et ces quatre vers.

Le dragon abbatu sous la paix triomphante,
Dans son plus pompeux appareil,
Nous mõtre les beaux iours que doit faire l'Infante
Quand cette belle Aurore aura ioint son Soleil.

Au second la paix triomphoit de Mars, & de Bellonne, auec cette inscription.

VICTORVM VICTRIX.
Et ces vers.

La paix à vaincu l'inuincible,
Elle porte en ses mains des marques de valeur,
Pour rendre apres nos maux le plaisir plus sensible
Elle

Q. de l'herberie. Fol. 65

Elle le porte iusqu'au cœur.

Au troisiéme la paix receuoit les vœux des peuples auec cette inscriptiō.

VOTORVM META.

Et ce quatrain.

La paix calme par sa presence
Les rigueurs dont la guerre auoit percé nos cœurs,
Et paroissant apres vne fascheuse absente,
Elle termine enfin & nos vœux & nos pleurs.

Au quatriéme la paix faisoit tomber des richesses d'vne corne d'abondance, & l'inscription estoit.

SVNT MVNERA PACIS.

Elle estoit accompagnée de ces vers.

L'abondance de toutes choses
Dont la paix causera nos plus iustes plaisirs,
Contentera tous nos desirs,
Et changera nos maux en des moissons de roses.

Quartier de l'Herberie.

VNe pyramide en triangle, posée sur vn portique aussi quarré, portoit en haut vn casque renuersé, & en bas trois Soldats endormis sur des armes entassées en desordre, auec cette inscription.

Les Réioüissances
DELICIÆ REGNANT
DIEM REGNAT PAX.

Quartier de la Croisette.

LA Paix defarmoit Mars, & luy oftoit le moyen de troubler le monde, ce Dieu de la guerre en témoignoit fon deplaifir par ces vers.

La Paix triomphe de mes armes,
Le Ciel rit en voftre faueur
Et fe mocquant de mes allarmes
Donne place à voftre bon-heur.

Vn autre vers Latin apprenoit que c'eftoit iuftement que l'on condamnoit au feu celuy qui eftoit la caufe de tous nos defordres, & l'on obligeoit le criminel d'auoüer publiquement fes crimes, par ces vers.

EXPIO NVNC FLAMMIS QVÆ FECI
CRIMINA BELLO.

Le Quartier de ruë Merciere.

CE quartier auoit pris fon deffein de l'hiftoire d'Alexandre; la Machine

chine estoit vn piedestal quarré, sur lequel estoit posée la figure d'Alexandre coupant le nœud Gordien, pour accomplir l'oracle, qui promettoit l'Empire du monde à quiconque le delieroit; Ce Prince n'en ayant pû venir à bout tira son espée, & disant qu'il n'importoit rien de le dénoüer ou de le couper, le trancha d'vn seul coup, & accomplit ou eluda l'oracle par cette action: Les vers qui accompagnoient cette figure en faisoient l'application à sa Majesté.

Enfin le nœud fatal des fieres destinées
   Cede au grand Monarque des Lys;
La guerre tient en vain les fureurs dechainées
Sur les restes fumans des Autels demolis.

Vn Roy plus genereux que ne fut Alexandre,
   Trauaille pour nostre repos;
Et fait germer l'oliue au milieu de la cendre
Des lauriers qu'ont cueillis cents illustres Heros

Il s'ouure par ce coup à l'Empire du monde
   Vn grand & superbe chemin,
Et nous verrons vn iour sur la terre & sur l'onde
Les Lys plus estendus, que l'Empire Romain.

E 5

Tandis que de cent feux nous portons iusqu'au nuës
   La gloire de ses actions:
Nos voix, que le respect à long-temps retenuës,
Deposent pour nos cœurs de nos affections.

   Ce nœud fait en forme de frondes entrelassées, montroit aussi que Sa Majesté auoit triomphé des guerres ciuiles du Royaume diuisé par les frondeurs durant sa minorité.

Quartier du Port du Temple.

LE quartier du port du Temple commandé par M. Ferrus Eschëuin, est celuy qui se presente d'abord apres celuy de ruë Merciere; La Machine qui estoit vne des plus belles representoit le fort de la contrarieté, vestuë d'vn habit party de blanc & de noir, qui sont les couleurs les plus opposées; elle portoit de la droite du feu, & de la gauche de l'eau, qui sont les deux elemens ennemis. Le feu eut l'auantage en cette occasion, & détruisant la contrarieté, il apprit qu'il est depuis long-temps le maistre des vnions, & l'interprete de la ioye, aussi

les

Q. duport du Temple Fol. 68

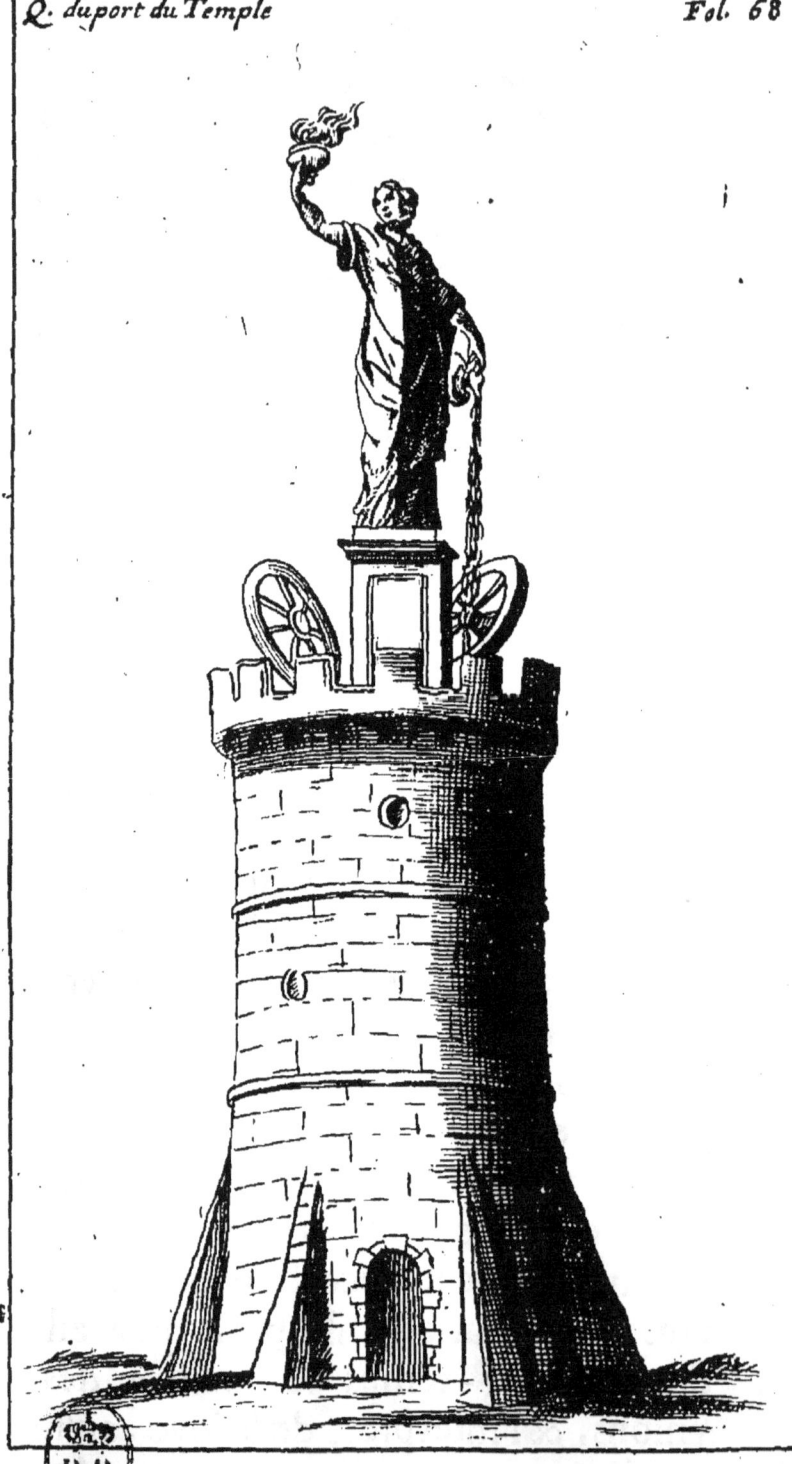

les deux inscriptions inuitoient tout le monde à la reconciliation, & à la paix en vn temps où deux peuples ennemis se reconcilient.

PRIVATA PONITE DISSIDIA
VBI IAM ORBIS PACE COMPOSITVS
DISSIDIA PVBLICA DAMNAT INCENDIIS.
FESTIVVS IGNIS FERRVM EMOLLIAT;
ET FLAMMARVM OPE
DISSIDENTIA CORDA COMPAGINET.

II.

ABSTINETE CIVES A LACRYMIS:
NIHIL OPVS NVNC BVSTO PRÆFICIS,
VBI MARS EXTINCTVS
MORTES IPSAS EXTINGVIT MORTVVS.

Les deux roües representoient celle de la Fortune, & celle de l'inconstance, qui sont les causes de tous le desordre du monde.

Quartier du Bourchanin.

CE quartier auoit dressé en Bellecour vne espece d'arc de triomphe consacré à la Paix : vne grande corne d'abondance en faisoit le couronnement, & ce verset du Cantique
de

de Zacharie estoit peint en gros cara-
res sur vne cartouche.

ET EREXIT CORNV SALVTIS IN
DOMO DAVID PVERI SVI.

Quartier ruë Paradis.

VNe grande renommée auec les ornemens, que les Poëtes ont coûtume de luy donner estoit eleuée sur vne haute base. L'echarpe de sa trompette portoit pour deuise.

SILETE TANDEM MARTIS INFAVSTI TVBÆ;
PACIS TRIVMPHOS INSONAT FAMÆ TVBA.

On voyoit à ses pieds des armes entassées qu'elle fouloit pour signifier
que ce ne sont plus les armes qui font
la reputation des Heros, & la couronne d'oliuier qu'elle tenoit en main, inuitoit les conquerans à quitter leurs
lauriers pour receuoir cette guirlande,
elle expliquoit son dessein en ses vers.

Le laurier ne fait plus de fruict,
Et c'est par le repos qu'à la gloire on arriue.
Les trauaux des guerriers ne fôt qu'vn peu de bruit
Si leurs vaillantes mains ne cultiuent l'oliue.

Et la paix qui suit les combats,
Au Temple de l'honneur mene du premier pas.

Quartier de l'Hospital.

LE dessein estoit le Temple de Mars de forme quarrée auec tous ses ornemens; les vrnes des Heros, qui ont finy leurs vies dans les combats y tenoient lieu de vases fumans : quatre inscriptions ornoient ses quatre faces.

I.

MARTIS ARA
GENTIVM OMNIVM IMBVTA SANGVINE
OPTATÆ PACIS
PRIMA EST VICTIMA.

II.

HÆC FVGE LIMINA
QVISQVIS CVPITÆ PACIS AMICVS ES,
DIRIS DEVOVE MALORVM OMNIVM CAVSAM,
EX EXTINCTO MARTI MALA VERBA REPENDE.

III.

MINERVÆ ARAM
ITERVM LVGDVNVM INSTRVE
ET LVDOVICI LAVRIS OLEAM INSERE,
DVM MARTIS FANVM PACE DIRVITVR
ET EXTINCTA BELLONÆ FACE INCENDITVR.

IV.

Celle-cy s'appliquoit aux vrnes des Heros.

E BELLORVM INCENDIIS
SVPERSTES HIC HEROVM CINIS
FESTIVIS PACIS ACCEDIT IGNIBVS
SVOQVE PARENTAT NVMINI
RESIDVVS MANIVM VIGOR.

Quartier de la haute Grenette.

CE quartier fit vne despense magnifique, & dressa vne Machine aussi belle, & autant bien garnie d'artifice qu'on la pouuoit souhaiter, elle estoit de vingt six pieds de haut, d'vne figure quarré ouuerte en portique, au milieu de laquelle s'éleuoit vne base quarrée qui portoit vn grand lion, le dessus du portique finissoit en dome, & seruoit de base à l'image de la paix de sept pieds de haut : cette Machine representoit le repos de Lyon dans la paix, & ces vers seruoient à expliquer le dessein.

Quo potis est animo Leo ludere Gallicus ictus
Hostiles, pacem intrepidus tutatur eodem.

L'artifice fut merueilleusement beau, le lion fit cinq décharges de fusées par terre & de serpenteaux: tout
le

Q. de la haute — Grenette Fol. 72

le portique fut éclairé de lances à feu, & le bruit des fauciſſons meſlé à celuy des pots à feu & des fuſées, fit dire qu'il y a peu de villes qui ayent fait vn plus beau feu que celuy de ce quartier.

Quartier de la Grand ruë.

LE ſiecle d'or rendu à la France ſeruoit de ſujet à la machine de ce quartier. L'image du ſiecle d'or eſtoit eſleuée ſur vn grand quarré peint en marbre blanc. Il tenoit de la droite vn globe d'or, & de la gauche des couronnes, des diamans, des perles, & des pierres precieuſes, qui ſont les ſymboles des honneurs & des richeſſes : des trophées & des cornes d'abondance faiſoient les ornemens de ce quarré, qui eſtoit poſé ſur vn grand piedeſtal bronzé, dont les quatre faces eſtoient ornées d'emblemes, vn marteau d'or frappant ſur vn globe de fer faiſoit le premier, le ſecond repreſentoit vn genie veſtu de drap d'or ſemé de fleurs de Lys, qui refaiſoit vn globe d'or : Le troiſiéme eſtoit vn ſerpent mordant ſa queüe,

queüe, & plié en rond, auec ces mots *Æternum seruanda quies*. Le quatriéme representoit le Soleil sous la figure d'Apollon touchant d'vn pied vne riuiere, qui se changeoit en or, & d'vne main vn arbre qui prenoit le mésme éclat. *Terras quascumque petit conuertit in aurum*. La fable de Midas estoit ingenieusement appliquée à ce sujet. Ce piedestal estoit eleué sur vn grand soubassement, dont les quatre faces auoient aussi leurs ornemens particuliers : l'vne des armes froissées & renuersées, auec ces mots, *Alior ferrum seruator in vsus*. Vne autre, vn palmier chargé de fruicts & sortant du milieu d'vn trophée, auec ce bout de vers dans vn rouleau, *Post mille triumphos*. Les autres deux faces contenoient deux inscriptions.

Ceux des autres quartiers n'eurent point de dessein particulier, & furent ou de simples buchers accompagnez de quelques fusées, ou de simples caisses remplies d'artifice.

Description du feu de joye dreßé sur le Pont de Saone la veille S. Iean Baptiste.

LE souuenir des malheurs passez à des douceurs si charmantes que l'on prend plaisir de l'entretenir. Les images des trauaux que nous auons essuyez, quelque tumultueuses & troublées qu'elles se presentent à nos yeux flatent agreablement nos esprits,& dans la tranquillité du repos nous trouuons de la douceur à nous remettre en memoire les disgraces de la fortune, & les agitations de nostre vie.

Il ne faut pas donc s'estonner qu'apres auoir satisfait au deuoir public auec tant de pompe & de magnificence, nous dressions de nouueaux trophées à la paix des dépoüilles de la guerre. Cette furie a trop causé de maux à l'Europe pour ne la punir qu'vne fois; Il faut multiplier ses supplices pour accroistre nostre ioye,& luy dresser autant de buchers qu'elle a desolé de Prouinces & reduit de villes en cendres. Il est a souhaiter qu'elle soit long-temps le sujet de nos réjoüissances, puis qu'elle a esté tant d'années celuy de nos craintes & de nos larmes.

L'occasion de la Feste de S. Iean Baptiste Patron de cette ville a renouuellé nos ioyes publiques, & nos Magistrats, qui sont magnifiques dans toutes les actions de ceremonie, ne l'ont pas moins paru en celle-cy qu'en toutes les autres.

Ce glorieux Precurseur qui a esté le lien des deux testamens, & le mediateur de la Paix de Dieu entre les hommes nous a porté a choisir vn dessein propre de la Paix, & comme l'année precedente nous representames la tréue par vn lion entre la crainte & l'esperance auec cette inscription.

CHRISTI PRODOMO
DIVINÆ ET HVMANÆ PACIS NVNTIO
PACIS OMINA FESTIS IGNIBVS
CONSECRAT.
S. P. Q. L.

Celle-cy nous auons représenté Hercule victorieux des Monstres, & le glorieux trophée de ses trauaux, ou le laurier changé en oliue sous ce tiltre general.

Ex lavro, pacis oliva.

Vn grand rocher eleué en forme de montagne ; & percé à iour en deux endroits, qui formoient comme deux antres, portoit sur sa cime vn grand oliuier chargé de dépoüilles. Cet arbre estoit celuy qui germa de la masse d'Hercule, qui estoit de bois de laurier pour presage de ses triomphes, & qui prit cette nouuelle forme pour marque de son repos apres qu'il eut enchaisné les monstres. Ces monstres estoient representez en diuers endroits de ce rocher, les vns terrassez comme l'Hidre & le Lion, les autres enchaisnez aux ouuertures des grottes comme Cacus, Anthée, Geryon, & Busiris. On voyoit aussi les serpents estouffez par ce Heros lors qu'il estoit encore dans le berceau, & le reste de ses trauaux glorieux. On n'auoit point mis la figure de ce braue des fables parce que son trophée n'estoit que la montre de ceux de nostre Monarque pacifique, qui n'a triomphé de ses ennemis que pour leur donner la Paix, & pour faire le repos de ses peuples lassez d'vne longue & sanglante guerre, qui commençoit à épuiser leurs forces.

Quelques infcriptions feruoient d'ornement à cette machine, au bas de l'oliuier on lifoit celle-cy.

PER ARDVA ET ASPERA CRESCIT.

Elle eſtoit comme l'ame d'vne deuife dont cet arbre faifoit le corps : car felon les Naturaliſtes l'oliuier croiſt mieux fur les rochers, & dans les terroirs pleins de cailloux, que dans les bonnes terres, & fes fruicts en font plus doux. Il eſt en ce fens le fymbole de la Paix qu'on a concluë apres de rudes guerres, & beaucoup de difficultez que les deux Miniſtres ont glorieufement terminées dans l'Ifle des Conferences.

Dans vne des faces on lifoit ces quatre vers.

Apres les Hidres eſtouffées
Et la difcorde mife aux fers,
Nous voyons que les maux, que nous auons
　fouferts
Nous feruent maintenant à dreffer des
　trophées.

Comme les monſtres terraſſez feruirent d'vn glorieux triomphe à Hercule les maux que la guerre nous a caufez commencent à faire le fujet de nos réjoüiſſances.

Dans

Dans l'autre face ces quatre vers apprenoient que ce qui auoit esté autrefois le sujet de nos craintes l'est à present de nos diuertissemens.

Des cendres de la guerre esteinte
La Paix allume tant de feux,
Que ce qui faisoit nostre crainte
Fera le plaisir de nos yeux.

Promethée deliuré faisoit vne partie du sujet de cette representation, comme il a esté autrefois vn des trauaux d'Hercule, aussi le voyoit on destaché de ce grand rocher qui faisoit le corps de la machine, & qui representoit le Caucase ou Mercure l'auoit lié ; il reprenoit son flambeau allumé du feu celeste pour en brusler la machine, & representoit en cet estat les feux de ioye faits dans tout le Royaume pour la paix, ce que ces inscriptions mises des deux costez de la riuiere expliquoient.

I.

Noua ignis Rapinâ
Prometheus factus audacior,
Festiuis orbem implet incendiis;
Et oleastri solutus vinculis
Qua in coronas nexuit Gallicus Hercules

Facem pronubam porrigit Himenæo.

II.

Vt Herculeis laboribus
Fidem faceret Ludouicus,
Plura aggreſſus eſt portenta iuuenis
  Quam ille viderit.
Et virtutem habens pro Euryſtheo & Iunone
  Antè triumphare didicit,
    Quam Amare.

PERMISSION.

VEv le Liure intitulé *Description des Réioüissances de la Paix*, faites dans la ville de Lyon à sa publication, composé par le R. P. MENESTRIER de la Compagnie de IESVS, ie n'empesche pour le Roy qu'il soit permis à Sieur BENOIST CORAL d'imprimer & mettre en lumiere ledit Liure, auec deffences à tous autres en tel cas requises : Fait à Lyon ce deuziéme Mars mil six cens soixante trois.

VIDAVD.

SOit fait suiuant les Conclusions du Procureur du Roy, l'an & iour susdit.

SEVE.

PRIVILEGE.

IE souſſigné Prouincial de la Compagnie de IESVS en la Prouince de Lyon, selon le Priuilege accordé à ladite Compagnie, par les Roys Tres-Chrestiens Henry III. le 10. Mars 1583. Henry IV. le 20. Decembre 1608. Louys XIII. le 14. Fevrier 1611. & Louys XIV. à present regnant, le 23. iour de Decembre 1650. Par lequel il est defendu à tous Libraires, soubs les peines portées audit Priuilege, d'imprimer les Liures composez par ceux de ladite Compagnie, sans permiſſion des Superieurs; Permets à BENOIST CORAL, Marchand Libraire à Lyon, de faire imprimer & vendre pour sept ans vn Liure intitulé *Les Réioüiſſances de la Paix, faites dans Lyon à sa publication*, Composé par C. F. MENESTRIER, de la Compagnie de IESVS, Fait à Lyon ce 2. May 1660.

LAVRENT GRANNON.

Stances sur la premiere publication de la Paix faite en Hyuer.

Tandis que les Saisons se disputent la gloire
    D'estre les maistresses des temps,
  De mesurer le cours des ans
Et de faire à leur tour la beauté de l'histoire:
    Le Printemps couronné de Lys
    Entre les graces & les ris
    En dispute la preferance.
    L'Esté sur des champs labourez
    Soustient sa corne d'abondance
Et s'entoure le front de ses espics dorez.

L'Automne d'autre part en etalant la pompe
    Des campagnes & des vergers
    A l'ombre de ses Orangers
Nous flatte d'un éclat, qui delecte & qui trompe;
    Ses pommes de Musc, d'Ambre & d'Or,
    Qui font son plus riche tresor
    Forment l'eclat de sa Couronne,
    Elle repand à pleines mains
    Toutes les faueurs de Pomonne
Et sa fecondité fait riches les humains.

Les Réjoüissances de la Paix.

L'Hyuer qui n'auoit rien de sa beauté premiere
   Tout enuironné de frimats
   S'alloit cacher sous les climats
Où la nature à peine à souffrir la lumiere.
   Sa vieillesse & ses cheueux gris
   Auroient pû pretendre le prix
   Si l'on auoit égard à l'âge,
   Mais par de trop iniques loix
   On mesure tout au visage
Et l'on donne l'honneur sans merite & sans choix.

Mais depuis que la Paix vient regner dãs le mõde,
   Et que dans le dernier des mois
   Elle a pû soumettre à ses loix
Deux Rois victorieux sur la terre & sur l'onde,
   Nous rappellons l'Hyuer du Nort,
   Et pour changer son triste sort
   Nous luy donnons Trône & Couronne,
   Il aura le Sceptre à son tour,
   Et pour le repos qu'il nous donne
Il receura des feux & de ioye & d'amour.

Remerciment de la ville de Lyon au Roy.

SONNET.

Sous les paisibles soins d'vne sage conduite,
I'ay vû des ennemis les impuissans efforts;
Et tandis que l'orage attaquoit tous nos ports,
I'ay mis les factions & les crimes en fuite.

La France de ses mains alloit estre détruite,
On eut vû dans les champs des mõtagnes de morts,
Et le sang dont la Seine alloit teindre ses bords
N'eust esté de nos maux qu'vne funeste suite.

Vous auez preuenu ce tragique malheur;
Nostre gloire est le fruict de l'insigne valeur,
Qui fait voir dans vos fers la fortune captiue.

Apres tant de combats Monarque glorieux,
Vous me donnez la Paix, & couronnez d'oliue
Les Lys que i'ay receus de vos premiers ayeux.

Remerciment de la France à la Reyne.

SONNET.

REine dont les bien=faits sont de puissantes chaisnes,
Pour tenir sous vos loix les cœurs assuiettis,
Vos soins pour mon repos ne sont point allentis,
Et mes vœux ne sont plus des esperances vaines.

Vous arrestez le sang qui coule de mes veines
Et desirant de voir mes maux aneantis
Vous pardonnez le crime aux peuples repentis,
Et vous faites cesser leurs douleurs & leurs peines.

Vous portez vostre fils aux douceurs du repos,
Vous moderez l'ardeur de ce ieune Heros,
Et vostre pieté luy fait rendre les armes:

Enfin le Ciel se rend à vos iustes desirs
La paix de vos suiets, est le fruict de vos larmes
Et vos torrens de pleurs arrestent leurs soupirs.

La France à son Eminence, qui a signé le traitté de Paix.

EPIGRAMME.

Heros qui paroissez dans vn illustre rang
Que vos mains pour ma gloire estoient bien
 occupées,
Lors qu'vn seul trait de plume emoussa tāt d'espées
Et qu'vne goutte d'ancre arresta tant de sang.

La Ville reconnoissante à Monseigneur le Mareschal de Villeroy.

EPIGRAMME.

Heros dont la vertu me soumet à sa Loy
Le Ciel en vous donnant ce beau Nom pour
 partage
Fut de vostre naissance vn illustre presage
Que vous gouverneriez & la Ville & le Roy.

Pour Monseigneur le Mareschal.

NE vous estonnez pas du repos d'une Ville
Qui sous vn grand Monarque est soumise
à ma Loy.
Ie la tiens à couuert de la guerre ciuile
Et suis le nœud sacré de la Ville & du Roy.

Pour Monseigneur l'Archeuesque.

Madrigal.

AV besoin du public mes bras tousiours ouuerts,
Reglent ses mouuemës, en moderent la suite,

Et

Et sous une sage conduite,
Ie partage ma teste à deux emplois divers.

S. Chrysostome compare le Prelat à vn compas qui doit tousiours auoir vn pied dans le centre, & l'autre dans la circonference, & voir de son cabinet ce qui se passe dans son Diocese, apres qu'il en a fait la visite; mais il conuient encore mieux au nostre, qui partage ses soins à Dieu & au Roy, dont l'vn est le centre & l'autre la circonference de tous ses mouuemens.

EPIGRAMME.

Sur la restitution des Places & le Mariage du Roy auec l'Infante.

Ne vous estonez pas qu'vn Monarque vainqueur
Ne se reserue pas ses conquestes entieres.
On peut bien rendre les frontieres
A ceux qui nous donnent le cœur.

SONNET.

SONNET.

Pour la nouuelle Reine.

Sur les riues du Tage à l'ombre de l'oliue
Terese vn iour de l'eau contemploit le courāt,
Quand les derniers rayons du bel astre mourant
Vinrent toucher les bords de l'onde fugitiue.

A peine au bruit des flots elle estoit attentiue,
Que le Soleil parut d'vn éclat different;
Elle y vit le portrait d'vn Prince conquerant,
Et de petits Dauphins se iouer sur la riue.

De ce nouueau Soleil ressentant la chaleur,
Elle fit aussi-tost son portrait sans couleur
Sur le coulant christal des eaux de la riuiere.

L'astre le vint baiser, & terminant son tour,
Dans les yeux de Terese il laissa sa lumiere,
Et ses feux dans son cœur firent naistre l'amour.

AMOR

AMOR PACIS
PROXENETA.

ELEGIA.

 Vis furor ô superi? quò vos humana tulêre
  Dissidia, & nostris inuida fata bonis?
Pax vbi nunc extorris agat, si numina cœlo
  Lapsa, sub oppositis partibus arma mouent?
Et quod erit placidũ tempus?quo sidere tandem
  Aurea nascentur sæcula digna Diis?
Sat necibus ferroque datum: Mars vnicus orbem
  Implet, & euersis legibus ima tenet.
Non pudet armorum superos; cælestibus iræ
  Sunt animis, tangunt iurgia nostra Deos.
Hinc ferus è solio rutilantia fulmina torquet
  Iupiter, inque suâ Sol statione sedet.
Insidiis pars nulla vacat, tonat anxius æther,
  Intentatque graues orbis vterque minas,
Solus Amor neruo vacuus, nudusque pharetrâ,
  Ludibrium superis præbet inermis Amor.
Extinctæ lux nulla faci, spes nulla superstat
  In sua Francigenam cogere signa ducem.
Dum faciles aditus molitur arundine numen

G

Densaque timantur spicula cordis iter.
Irrita tela cadunt, pharetramq; reportat inanem,
 Ipsa deos olim figere docta manus.
Ergo ait vnus erit iaculis imperuius Heros?
 Effugiet casses præda petita meos.
Impubes totum mittet sub legibus orbem,
 Parsque triumphati nunc erit orbis Amor.
Indecores nos ista pati, totque irrita vento
 Tela dedisse, rudi non data tela manu.
Fiximus Alcidem iaculo, spoliisque superbus
 Nostra olim didicit tela timere gigas.
Et Tartessiacæ cessit mihi gloria gentis,
 Annibal, & subiit Cæsar vterque iugum.
Vicimus Heroo cretos è sanguine Reges,
 Nostraque Scipiadæ vincla tulere duces.
Nec Lodoice feres? faustis victoria signis
 Vna fatigato dux erit? vna quies?
Ludimur? & canitur surdo dum blandula siren
 Illudit vacuo mille volupta modis.
Dicitur & nostras Morpheus sumpsisse figuras,
 Vmbra sed excusso vana sopore fuit.
Non Charites, non alma Venus, nõ aulica Circe
 Vlla suo potuit philtra parare duci.
Fraus superest iam nulla mihi; per signa secutus
 Sæpius inuasi pectus inerme dolis.
At videt ille dolos, fraudem aspernatur inanem,
 Atque aditus crudo pectoris ære tegit.
Spes vna Austriacæ superest spes vnica gentis,
 Et Carpetani gloria Nympha soli.

Illa pares animos, similesque in pectore sensus,
  Et gerit æthereo lumina digna sinu.
Sunt ætate pares, cognato è sanguine creti,
  Alter & alterius vultus in ore sedet.
O Lodoice tibi si fas sit cernere, quantus
  Lumina Theresæ docta subiret amor?
Sed vestat hostiles mens auersata triumphos,
  Atque inimica pudet vincula ferre ducem.
An tanti est traxisse vrbes in vota, deamque
  Non potis es spoliis annumerare tuis?
Illa tuæ veniet melior victoria sorti:
  Herculeos vnus vicerit iste labor.
O Lodoice veni, vinces, si videris, & quæ
  Antè inimica fuit mitior hostis erit.
Vna vetat Bellona dolos, Mars impius artes
  Impedit, & fatis seruit adactus Amor.
Non patiar: formas me vertere præstat in omnes
  Et simulachra aliis sumere sumpta diis.
Occupet hinc omnes aditus, & milite denso
  Mars Lodoicœum stipet inerme latus.
Illinc Pyrenes vastis amphractibus arces
  Impositæ Alcidem non penetrare sinant.
Non erit illa tamen nostris imperuia tecnis
  Terra superciliis tam benè septa suis.
Efficiam, vel deficiam: me nulla tenebunt
  Claustra, per inuisas dum licet ire vias.
Sed quis fructus erit curarum? nulla ministrant
  Fraudes tela, nouâ ni viget arte dolus.

G 2

Vincit inermis Amor: pharetrâ meme vtar & arcu
  Pro neruo & iaculis missile corpus erit.
Hæ mihi erunt artes reliquæ, postremaque tela,
  Si fuerint aliis irrita tela viis.
O vtinam liceat Lodoici sistere castris
  Diuam quam incolumem septa paterna tenet.
Eriperet Regi arma fero, componeret iras,
  Firmaque pax stabili conditione foret.
Fortunata suas si nosset Iberia vires
  Quantumque in tenerâ virgine robur habet.
Intemerata manet ferro reuerentia vultus,
  Et Marti eripuit spicula sola Venus.
Ergo age Regali tecto discedat Amazon,
  Et Lodoiceæ meta sit ista viæ.
Firmior agger erit quouis munimine, certam
  Afferet afflictis hæc Dea rebus opem.
Quid dubitas? ferrone arcet lauroque verenda
  Ceruix fœmineum non subitura iugum.
Accipiet, mihi crede: Pater tulit, ante tulêre.
  Borbonides quotquot stirps numerosa dedit.
Non duro riget ære sinus, non pectus ahenū est,
  Ferrea nec fecit viscera Martis amor.
Iamque aliqui micuêre ignes: cum creuerit ætas
  Crescet ab admotis flamma sopita rogis.
Quid differs Castella dolos? hoc aggere tandem
  Aude Francigenæ sistere Martis iter.
Suspice Belgarum exundātes sanguine campos
  Alta cadaueribus flumina cerne tuis.

                                             Auso

Les Réioüissances de la Paix.

Aufoniam inuadit clades, iam limite nullo
 Tuta falus; Latij limina victor habet.
Si te prolis amor, fi te fufpiria tangant,
 Hanc concede malis officiofa manum.
Quid renuis? plus Diua tibi, plus vnica cordi est
 Virgo; quam patrij cura tenenda foli?
Non alia inuenies afflictis tempora rebus,
 Nec fperare iubent his meliora Dij.
Sentio, damna latent Nymphã, dum viuit in aulâ,
 Semotamque tenent otia blanda Deam.
Ni lateant, rueret patrios tuitura penates,
 Virgineâ caderent agmina cæfa manu.
Nam iaculis armantur apes, & cerea feruant
 Tecta: verecundis funt fua tela rofis.
Ibo ergo, & patriis cogam difcedere feptis,
 Me duce per faciles perget itura vias.
Non facient tormēta moras, non fepta, nec arces
 Quantumuis densâ grandine tela pluant.
Sat fuerit placidam Lodoico fiftere diuam.
 Expertemque fatis fraudis adire ducem.
Protinus arma cadent manibus, ferrũq; reponet,
 Et poftremus erit nifus Amoris amor.
Ni valeat, cedant odiis mortalibus iræ,
 Et rumpat dirus vifcera dura furor.
Hæc ait & celeri lapfus per inane volatu
 Laurentina fubit mœnia cautus Amor.
Explorat nitidas furtiuis greffibus ædes,
 Atriaque inuifo tramite cuncta videt:

G 3

Vt potuit penetrare sinus, per densa viarum
  Claustra, puellarum sistitur ante fores.
Ingreditur passu suspenso, singula lustrat,
  Atque gynecæum se tenuisse videt.
Fortè comam ad speculi castigatura tribunal
  Censebat vitro Iudice frontis ebur.
Colligit effusos radiato pectine crines,
  Et cohibet refugas gemmea zona comas.
Tota ministerio Diua est intenta, fidemque
  Iudicis explorat sollicitante manu.
Obsequio Charites adsunt, & nobile vulgus
  Absoluit formam virgineumque decus.
Stabat Amor secum tacitus, fraudemq; volutans,
  Cum promptâ ingenium suggerit arte dolos.
In speculi glaciem transit, iamque explicat alas,
  Et vitreum accipiunt singula membra iubar.
Agnouere dolos Charites, pueroque latenti
  Subrident famulæ, consiliumque probant.
Iam stupet ipsa sibi Dea nondum conscia fraudis
  Dum bibit Idalias lumine vtroque faces.
Sustinet immoto simulachra fugacia vultu,
  Hæret, & intuitu pingitur vmbra suo.
Dum stupet, insolitis ardent præcordia flammis
  Et subit arcano tramite flamma sinus.
Intereà non segnis Amor sub tegmine vitri
  Excipit ora Deæ virgineosque sinus.
Induit Austriacos vultus, se format in omnes
  Diuæ habitus, iamque est fœmina totus Amor.
                                              Hac

Hac specie abscedit plenus, satagitque sequaces
 Maturare dolos dum viget arte labor.
Tu Lodoice doli scopus es, tibi tela parantur,
 Et tibi molitur vincula victus Amor.
Res oculis agitur; meditatur nobile vulnus,
 Suspensâque manu spicula librat Amor.
Sed dubitat quo tela cadant, Theresia quamuis
 Ipsis suppeditet tela verenda Diis.
Hæret, & incerto quantum puer abstinet ictu
 Tam timet indocili perdere tela metu.
Tandem audet, factusque suis securior armis
 Obsidet armatâ lumina bina manu.
Profuit ancipiti fraus vltima, concipit ignes
 Indomitus Cypriis ignibus antè puer.
Theresam mens vna refert, & imagine sensim
 Ebibitâ, in gemino lumine sola Dea est.
Non hostes, non arma videt, non militis ora:
 Solaque cognatæ principis vmbra placet.
Dum licet, & faciles aditus præcordia præbent,
 Se insinuat fibris insidiosus Amor.
Vinceris Austriadum victor, cecidere solutâ
 Tela manu, cessit Martius ore vigor.
Hesperiam votis tentat melioribus Heros
 Et vocat in Thalamos pace fauente Deam.
In longum trahitur, validumq; inspirat amorem
 Lentus Hymen; subeat donec imago sinus.
Intereâ satagunt vrbes cessante tumultu,
 Nectere pacifico florea serta duci.

Instat Amor, digno tandem spectabilis ictu,
  Et reparare aliis perdita tela studet.
Arma Sterops incude domat, ferroque sequaci
  Dum calet in teretes ducitur hasta colos.
Mulciber vrget opus, noua spicula cudit Amori,
  Crudaque festiuis injicit arma focis.
Vndique collucent crepitantibus atria flammis,
  Laetitiâque implet turba vaciua forum.
Prouocat ore deos plebs officiosa fauentes
  Et canitur festo carmine sanctus Hymen.

LOVYS AVGVSTE
Conduit au Temple de la Gloire par la Paix.

Allez ieune Louys au temple de la gloire,
L'Himen vous y conduit suiuy de la victoire;
Et le monde en suspens n'attendoit que ce iour
Où vous deuiez ceder aux charmes de l'amour.
La Force & la Iustice en pompe & triomphantes
Ont fait voir à vos pieds les villes suppliantes;
L'Espagne desarmée, & vos suiets soûmis
Tiennent dans le deuoir vos plus fiers ennemis.
La France de Lauriers & de Lys couronnée
Mene apres vostre char la reuolte enchaisnée,
La Paix descend du Ciel & de l'eau de nos pleurs
La terre sous ses pas fait renaistre des fleurs.
Vne auguste beauté vous fait rendre les armes,
Cedez grand Conquerant, rendez vous à ses charmes:
En cette occasion Monarque glorieux
Permettez que l'amour soit le victorieux.
Les Myrtes à leur tour vous font vne couronne
Preferable aux Lauriers, que la gloire vous donne,
Et mille cœurs liez des chaisnes de l'amour

Vous font vn Diademe apres voſtre retour.
Tout le monde attendoit du fond des Pyrenées
Ce moment precieux, qui fit nos deſtinées,
Et nos vœux en ſuſpens retenoient nos ſouhaits
Quand vous auez ouuert le temple de la Paix.
Enfin ce temps fatal, & cette heure attenduë
Nous rendent du repos l'eſperance perduë.
De ce iour deſiré les preſages heureux
Retinrent nos ſoupirs rallumerent nos feux,
Et de ſi beaux effets ont ſuiuy ces augures,
Que nous ne craignons plus de triſtes auantures.
La Paix de ſes regards fait la ſerenité
Et depuis que vos mains l'ont miſe en liberté
Elle tient dans vos fers la fortune captiue
Et vous met ſur le front ſa couronne d'oliue.
De cet arbre immortel aucun des Conquerans
Ne porta des rameaux ny ſi verds ny ſi grands.
Ils font ombre aux lauriers de la Grece vaillante
Ils couurent la grandeur de Rome triomphante
Et le pompeux éclat des Ceſars couronnez.
Dont les ſiecles ſçauans parurent eſtonnez,
Ne fut iamis plus grand que lors que la victoire
Aux douceurs de la Paix ceda toute ſa gloire.
Ouurez vous à ce Temple vn plus vaſte chemin,
Le ſort de l'Vniuers depend de voſtre main.
Moderez la vigueur du ſang, qui vous anime,
Le repos fait ſouuent la ſource de l'eſtime:
Le nom de Pacifique eſt auſſi glorieux

Que celuy d'Intrepide & de victorieux.
Vostre trône affermy sur la guerre estouffée
Est à vostre valeur un illustre trophée :
Le monde auec respect se soumet à vos Lois,
L'Heresie fremit, elle en est aux abbois ;
De ses cheueux epars les couleuures sifflantes
Vomissent leur venin de feux estincellantes,
Et luy serrant le front de depit & d'horreur,
Impriment sur ses yeux la rage & la fureur.
Tout vous aime ou vous craint, le Ciel qui vous reuere
A cent peuples nouueaux vous destine pour pere,
Quand vous aurez uny par vn double laurier
Le Prince pacifique au Monarque guerrier.
Ce n'est ny le Soldat, ny le bruyant tonnerre
Des bouches de metal, & des foudres de guerre
Qui fait d'vn Souuerain la pompe & le bon-heur,
On ne trouue ces biens qu'au Temple de l'honneur.
Les braues d'outremer dont la fable & l'histoire
Sur l'or & sur l'airain conseruent la memoire
N'ont eu qu'vn faux éclat, & ce lustre trompeur
Disparut aussi-tost qu'vne errante vapeur.
Ils ne nous ont laissé que des marques funestes
Dont on souffre à regret les pitoyables restes,
Et de tous les exploits de tant de Conquerans
Le temps n'a reseruè que des lauriers mourans.
Leurs chiffres effacez ne laissent à l'histoire
Qu'vn spectre de grädeur, & qu'vne ombre de gloire,
Et ces victorieux, qui firent tant de bruit.

Cueillirent

Cueillirent des lauriers qui ne font plus de fruit.
Il faut pour s'esleuer prendre vne autre mesure;
Pour se rendre immortel c'est peu qu'vne peinture.
Il faut bien d'autres traits que d'vn tableau flatté
Pour seruir de modele à la posterité.
La vertu fait le rang, elle forme l'Image,
Les temps sont sous ses loix, ils luy doiuent homage.
Elle ne depend pas du marbre d'vn tombeau
Son eclat pour vieillir est tousiours aussi beau.
Elle est sans diademe, & sans cour souueraine
Sans elle la grandeur n'est rien qu'vne ombre vaine,
Et l'Empire absolu, qui fait l'authorité
N'est sans cette vertu qu'vn pouuoir limité.
Elle est d'vn souuerain la plus riche couronne,
Il n'est point de grandeur que celle qu'elle donne
Et pour estre immortel il faut que sa faueur
Nous mene par la main au Temple de l'honneur.
Entrez heureux Louys dans ce Temple où la gloire
Sur vn marbre eternel grauera vostre histoire;
Et voyez ce plafond où l'art & le pinceau
Ont mis en abbregé le Ciel la terre & l'eau.
Les astres couronnez de flâmes immortelles
Y font de vos vertus les illustres modelles:
Leur marche est éclatante, & leurs pas mesurez
Impriment sur le Ciel des rayons epurez.
Ils suiuent le Soleil en reglant leur cadances
Aux iustes mouuemens de leurs intelligences;
Et roulans sans desordre ils s'auancent sans bruit,

Pour

Pour faire un second iour au milieu de la nuit.
Voyez dans ces tableaux de superbe parure
Des Princes vertueux la fidelle peinture.
Icy tous vos ayeux sont peints en maiesté
Sous le grand appareil, qui fait l'authorité,
Et leur exploits grauez en de riches ouâles
Font de leurs actions les celebres annales.
Ces Princes genereux, du geste & de la main
Semblent brauer la Grece & l'Empire Romain.
Ils sont fiers sur le marbre, & leur mine hautaine
Tient de l'air des Heros sans paroistre trop vaine.
Vne ardeur bien-seante allume dans leurs yeux
Le feu des Conquerans & des victorieux.
Mais quelque grand que soit l'eclat de la victoire
Ces Heros à la Paix doiuent toute leur gloire
Et leurs faits ne seroient qu'vn obiet de terreur
S'ils n'auoient moderé cette noble fureur.
Les Sceptres qu'ont porté ces maistres de la France
Sont des marques d'honneur & non pas de defense:
Les Rois sont seulement les testes des Estats
Tandis que leurs suiets font l'office des bras.
Et leurs armes ne font qu'vne pompe odieuse
Si la necessité ne la rend specieuse.
Vos ayeux n'ont cherché dans leurs vaillans exploits
Que de vanger l'Eglise, & defendre leurs droits.
Sur les tristes debris des autres Monarchies
Les Prouinces par eux de leurs fers affranchies
Presentent leurs respects à ces liberateurs

Et

Et leur font à genoux homage de leurs cœurs.
La gloire & la vertu sur leurs aisles portées
Par de petits Amours tour à tour assistées
Soutiennent vn écu dont la belle couleur
Sert de champ aux blasons qu'y trace la valeur.
Les trois Lys couronnez de palmes immortelles
Sur vn confus amas de drappeaux infidelles
Font vn riche trophée au zele de ces Rois
Qui sur les tours d'Egypte arborerent la croix.
Sous leurs pieds la discorde hurlante & forcenée
Se void de cent liens à leur char enchaisnée
Et iettant des regards tremblants & furieux
N'ose plus menacer que du geste & des yeux.
Cent depoüilles sur elle en triomphe portées
De son venin fatal ne sont plus empestées,
Et des cœurs reunis par de petits Amours
Font à ces Souuerains de superbes atours.
Les vns de leurs flambeaux allument des trophées,
Et & de leurs feux vnis les armes échauffées
Se changent tout à coup par vn estrange sort
En de doux instrumens d'instrumens de la mort.
D'autres dans vn lointain chargez de Diademes
Font iustice au merite en de petits emblemes.
C'est là que cent Soldas paroissent couronnez,
Des lauriers qu'au côbat leurs mains ont moissonnez,
Et que les Magistrats trouuent la recompense
De leurs fideles soins & de leurs vigilance.
Des amours enioüez font d'vne autre costé

Des

Des tableaux differens & d'art & de beauté.
Tandis que la victoire à l'ombre de l'oliue
Semble se delasser & deuenir oisiue.
L'vn desarme vn Heros & paraist empressé
A se faire vn berceau d'vn bouclier renuersé,
Vn autre fait des traits des éclats d'vne lance,
Et courbant vne pique auecque violence
Change en vn arc leger ce qui faisoit iadis,
L'armure & l'ornement des Chefs les plus hardis.
L'vn se cache à demy sous vn corps de cuirasse
Tandis que d'vn baudrier vn autre s'embarrasse
Celuy cy d'vn drapeau qui flotte au gré du vent
Se fait vn toit mobile & le pousse en auant,
Et l'on en void plus loing des troupes occupées
A briser des canons & rompre des espées.
La Paix au dessus d'eux repand à pleines mains
Les astres du commerce & les dieux des humains.
Sous ses pieds l'Alcion sans craindre le naufrage
Dresse son nid flottant au milieu de l'orage,
Et la vague irritée appaise son courroux
Pour luy faire vn berceau plus tranquille & plus doux
Vn Lion d'autre part montre vne ame docile,
Il retient sa fureur, il arreste sa bile,
Et soit crainte ou respect, qui l'empesche d'agir
Il est obeïssant & se laisse regir.
Ce sont là des Heros les images augustes,
Les plus grands de ces Rois ont esté les plus iustes,
Et la Paix à rendu leurs noms plus glorieux

Que n'ont fait les combats les plus laborieux.
Le sang fait à la pourpre vne couleur cruelle;
Celle de l'innocence est plus viue & plus belle
Et les cœurs des suiets font vn honneur plus grand
Que cent Sceptres liez au char d'vn Conquerant.
Quãd vous tiendriez aux fers vne troupe de braues
Vous auriez sous vos loix de moins nobles esclaues,
Que ces cœurs attachez par ce dernier bienfait
Qui sont captifs de choix & libres en effet.
Viuez heureux Loüys tant que les destinées,
A faire vostre gloire epuisent nos années
Et que tous vos suiets en vnissant leurs voix
Confessent que la Paix est la gloire des Rois.

LA POMPE ROYALE,
Des Nopces de leurs Majestez.

ELEGIE.

L'Amour impatient de voir l'Auguste Reine,
Qui du cœur de Loüis est enfin souueraine,
Et qui malgré l'orgueil de ses plus ieunes ans
Fait ceder sa valeur à ses yeux conquerans,
N'attend plus que le iour qu'on destine à sa gloire
Et qui doit acheuer l'honneur de sa victoire,
Il semble que les Dieux soient sourds à ses desirs,
Leur long retardement cause ses deplaisirs.
Cent fois des feux du Ciel il obserue la course,
Et sur les mouuemens de Venus & de l'Ourse
Connoissant les progrez de la nuict & du iour
Il void que Soleil est loing de son retour.
Il s'en plaint à ces feux, dont la marche eclatante
Suspend trop ses desseins, & luy semble trop lente.
Beaux astres, leur dit-il, dont les aimables traits
Sont du pere du iour les plus riches portraicts,
Globes estincelans d'vne pure lumiere
Acheuez promptement vostre vaste carriere,
Sentinelles des Cieux, beaux yeux du firmament
Fauorisez l'Amour en cet heureux moment.

H

Les Réioüissances de la Paix

Voiles iniurieux, importunes tenebres,
Couurez d'autres pays de vos manteaux funebres;
Allez chez les Lappons * faire de longues nuits,*   *Peu-
Mais ne paroissez plus dans les lieux où ie suis.   ples
     Septé-
Enfin pour redonner du lustre à la nature   trion-
Il tire de ses feux la flâme la plus pure,   naux.
Et la distribuant egalement par tout
Fait briller l'Vniuers de l'vn à l'autre bout.
Les arbres échauffez de cette ardente flâme
Qui porte sa chaleur iusqu'au fond de leur ame,
Produisent plus de fleurs & poussent plus de fruits,
Qu'ils ne font au printĕps dans les plus douces nuits.
La terre ouure ses yeux, & les beautez de Flore
Offrent tous leurs parfums à la nouuelle Aurore
*Clitie * ouure son sein, & quittant le sommeil*   * Nym-
Regle ses mouuemens sur ceux de ce soleil.   phe chã-
     gée en
Les oyseaux éueillez d'vn air plus methodique   tourne-
Font de leurs chants mélez vn concert magnifique, sol.
Tandis que le Zephyre, & la Nymphe des bois
Font cõme vn second chœur de leurs mourantes voix.
Des rayons de l'Amour la nature eclairée
Reprend ses ornemens, & paroit mieux parée.
Cependant il s'auance & d'vn air tout riant,
Il ouure auant le temps les portes d'Orient,
Et preuenant l'office & les soins de l'Aurore
Fait chemin au Soleil sur les pas du Phosphore.
La Deesse dormoit sur vn beau lit de fleurs,
Vn paisible sommeil auoit seché ses pleurs;
Quãd l'amour qui craignoit que de l'eau de ses larmes

Le iour clair & serain ne perdit quelques charmes,
D'vn somme plus profond assoupit tous ses sens
Pour ne laisser plus voir que des biens innocens.
Et de peur que les fleurs de ces larmes trempées
Ne perdent leurs beautez auant qu'estre couppées,
Il veut que de leur teint le lustre conserué,
Fasse au flambeau d'Hymen vn eclat acheué.
Tout luit des feux sacrez que l'Amour distribuë
Déja le iour naissant en colore la nuë ;
La campagne reprend ses ornemens diuers
Ses vallons sont desia plus fleuris & plus verds.
De cent iours échappez la terre est rayonnante,
L'eau de mille saphirs paroit estincellante
Et l'Amour agissant montre assez dans ses yeux
Qu'il nous prepare vn iour de flâmes & de feux.
Par ses ordres exprez les Graces empressées
Au Palais de Therese estoient desia passées ;
L'Himen est de la troupe & de petits amours
Portent auecque luy de superbes atours.
Les plus riches tresors de l'Inde & de l'Euphrate
Brillent dans des bassins de vermeil & d'agate ;
Et l'orgueil precieux qui sert à la beauté
Est par tous ces amours pompeusement porté.
La Gloire qui les suit dans vn air d'Amazonne
A la nouuelle Reine apporte vne couronne
Où les rubis meslez aux plus fins diamans
Font de leurs feux vnis des miracles charmans.
De cent perles de prix le tour du diademe

S'éleue à huict fleurons, & se courbe de mesme.
Sur vn manteau Royal, que tient la Maiesté
L'Eguille a de cent fleurs les couleurs imité :
Des lys estincelans d'or & de pierreries
Font sur vn fond d'azur de riches armoiries,
Et ce pompeux blason a l'hermine mesté,
De tout autre ornement ne peut estre egalé,
Il est de la grandeur la marque la plus iuste,
Son lustre est pretieux, & sa pompe est auguste.
Les vertus d'autre part d'vn pas maiestueux
Apportent à Louis des presens somptueux :
La Force & la Valeur de lauriers couronnées
De l'accord des deux Roys sont encore estonnées.
Tandis que dans leurs mains les armes ne sont plus
Que de vains ornemens & des traits superflus.
Leurs regards sont benins, leur marche n'est plus fiere,
Leur air ne tient plus rien de la mine guerriere.
La Paix vient sur leurs pas & son riche appareil
Dans les siecles passez n'a rien eu de pareil.
Les palmes par respet se courbent deuant elle
Tout fait à son triomphe vne pompe nouuelle
Qui n'a rien de funeste, & qui fait voir aux yeux
Des obiets plus charmans & plus delicieux
Que le triste attirail des machines de guerre,
Et les sanglans debris des grandeurs de la terre.
La Pieté triomphe en ce iour glorieux
Où ses Autels remis par vn Prince pieux
Vont ioindre d'vn saint nœud deux testes couronnées

Pour

Les Réioüissances de la Paix.

Pour faire à leurs suiets d'heureuses destinées.
Ces deux cœurs mis en un pour le bien des Estats
Seruiront de modelle aux autres Potentats
Tandis que de leurs soins les communes rauies
Feront au Ciel des vœux pour de si belles vies.
La Iustice la suit, & la balance en main
Pese les interests de tout le genre humain.
Mais celle qui defend les droits de la victoire
Porte au lieu de l'espée un grand sceptre d'yuoire.
Elle ne se sert plus du voile officieux
Qui semble derober les crimes à ses yeux
Et cessant d'estre aueugle, elle voit tout à l'aise
Les charmes innocens des beaux yeux de Terese.
Ses appas naturels ont un air de fierté,
Qui sert à la grandeur sans nuire à la beauté.
Il n'est point d'ornement que son lustre n'efface;
L'eclat des diamans au sien cede la place.
Les saphirs, les grenats, les perles, les rubis
Luy seruent seulement à parer ses habits :
Les climats épuisez pour couronner sa teste
Ont fourny leurs tresors à cette grande feste,
Mais de tous ces tresors le luxe precieux
Ne fait que reflechir les rayons de ses yeux.
Pendant qu'elle s'appreste à la ceremonie,
L'Amour dans un salon reçoit la compagnie,
Et commande aussi-tost que des bouches d'airain
Le concert harmonique, & le ton souuerain,
Inuite à l'appareil du Royal Hymenée

Des grandeurs de la Cour la troupe couronnée,
Elle paroit enfin, & les yeux éblouïs,
Ne semblent admirer que Terese & Louïs.
Entre ces deux soleils les regards se partagent,
Que de cœurs affrãchis dãs leurs chaisnes s'engagẽt!
Que d'illustres captifs suiuent ces Maiestez!
Qu'on void à leurs appas lier de libertez !
L'Amour ne fit iamais de si nobles conquestes
Dans ses iours de triomphe & dans ses grãdes festes,
Qu'il reçoit à ce iour de respets & de vœux
De tout ce que la Cour a de plus genereux.
De cent confuses voix le desordre harmonique
Est d'vn heureux Hymen le presage energique
Et dans ce bruit confus sont mille fois ouïs
Le beau nom de Terese & celuy de Louïs.
Que Louïs est heureux, que Terese est charmante!
Que cét auguste Amant est digne de l'Amante !
Que l'vn est plein d'appas, qu'il est maiestueux !
Que l'autre est agreable, & qu'ils sont beaux tous
De semblables discours les places retẽtissent, (deux.
Les voutes du Palais cent fois les reflechissent,
Quand la troupe s'auance, & celle qui la suit
Attire les regards & fait cesser le bruit.
La Reine dont les soins & la sage Regence
Malgré les factions ont soutenu la France
A sa part du triomphe,& la gloire du fils
Couronne ses trauaux de rayons reflechis.
Les grandeurs de la Cour pres de leur souueraine

Font

Les Reioüissances de la Paix. 113

Font gloire de marcher sur les pas de leur Reine:
Et tout ce que la France a de grand & de beau
Reçoit de ses regards vn eclat tout nouueau.
Mesme les immortels se font de la partie,
Pour faire aux deux amans vne gloire assortie.
Leurs illustres Ayeux superbement vestus
Y viennent honorer la pompe des vertus.
De leurs manteaux d'honneur l'hermine blanche &
Est de leur pieté la naïue figure.   (pure
Leur pourpre est innocente, & de sang epanché
Son lustre pretieux ne paroit point taché.
Aussi n'at-on iamais veu rougir les annales
Par des crimes sortis de ces ames Royales.
Dans l'art de bien regner ces Monarques instruits
Ont preferé la Paix à des biens fortuits,
Et tenant sous leurs loix la fortune soûmise
N'ont eu d'autre interest que celuy de l'Eglise.
Ces Heros dont Louis a Marché sur les pas
Dans tous ses mouuemens, & dans tous ses combats
viennent à son triomphe & luy font vne suite
Digne de sa grandeur, digne de sa conduite.
Ces fameux conquerans par vn commun aueu
Font gloire maintenant de suiure leur Neueu,
Qui d'vn premier effort, & dãs moins de cinq lustres
A desia surpassé leurs faits les plus illustres.
Les Muses à leur tour pour rendre à ce Heros
Les fruits de sa victoire & ceux de leur repos
S'auancent à leur rang apres ces grands Monarques

H 4

Que leurs chants font furuiure à la rigueur des Par-
D'vn concert delicat d'inftrumens & de voix (ques,
Elles flattent l'oreille, & celebrent ces Roys.
On entre dans le Temple, & fur la fainte Table
On celebre auſſi-toſt le Myſtere ineffable.
Où Tereſe & Louys des liens les plus forts
Ioignent leurs volontez pour ne faire qu'vn corps.
A ce conſentement les Anges applaudiſſent
D'vn bruit confus de voix les places retentiſſent
Et l'air eſtincellant de flâmes & de feux
Annonce à l'Vniuers le comble de ſes vœux.
S'il a fallu ſouffrir vne ſi rude guerre,
Voir d'vn ſang innocent rougir toute la terre,
De leurs vaſtes Eſtats des Princes depoüillez,
Les trônes chancelans, & les peuples broüillez,
S'il falloit que la Paix fut le fruit de nos larmes,
Et que noſtre repos ſe dût à tant d'alarmes,
Pour appaiſer les Cieux iuſtement irritez
Et pour voir d'vn ſaint nœud lier ces Maieſtez
Nous ſommes ſatisfaits, & nos peines paſſées
Par vn ſi beau ſuccez ſont bien recompenſées.

LE REPOS ET LES BEAVTEZ
de la Campagne, premiers fruicts de la Paix.

Heros que le desir d'vne gloire immortelle
Fait courir aux dãgers où l'hõneur vous appelle,
Reposez maintenant à l'ombre des lauriers,
Que vous auez cueillis dans les trauaux guerriers:
Les plaisirs innocens que la Paix vous presente
Se doiuent preferer à l'ardeur turbulente,
Et l'Hymen de Louys vous demande à son tour,
Des guirlandes de fleurs, & des flames d'amour.
Preferez la Campagne aux tumultes des villes
D'où sont nez tous les maux de nos guerres ciuiles,
L'aimable solitude a de charmans obiets,
Et la Paix y produit de sensibles effets.
L'astre qui fait le iour du bout de sa carriere
Sans obstacle y repand sa naissante lumiere,
Sur cents miroirs flottans ses rayons reflechis
Font voir de cent Soleils les ruisseaux enrichis.
Les innocentes fleurs que cet astre caresse
Des zephirs endormis accusent la paresse :
Les arbres les plus hauts se tiennent embrassez
De cent liens d'amour l'vn a l'autre enlassez.

I

Et le coulant cristal échapé de sa veine
Roule ses eaux sans bruit, & serpente la plaine,
Icy de mille fleurs les prez sont emaillez,
L'abondance paroit sur les champs trauaillez,
Et de mille beautez la campagne parée
Aux douceurs du repos semble estre preparée.
Les oiseaux eueillez pour saluër le iour
Sur des tons differens chantent des airs d'amour.
De leurs sçauans accords l'agreable musique
Entretient de cent chœurs le combat pacifique.
La nymphe le repete, & sa charmante voix
Anime le concert de ces chantres des bois.
La mousse des rochers sur des traces liquides
Recueille le tresor de cent perles humides.
Les bergers estendus sur des lits de gazon
Ioüissent des douceurs de la belle saison.
Tout rit, tout est tranquille en ces lieux de delices,
Et les panchants affreux des plus hauts precipices,
Donnent plus de plaisir qu'ils ne causent d'horreur
Quand on les void ouuerts aux soins du laboureur.
Sous le fueillage vert des branches recourbées
On void sans se lasser ses penibles couruées,
Tandis que de son coutre il ouure les guerets
Et dispose la terre aux faueurs de Ceres.
Le fer que la fureur à rendu si funeste,
Dans ces lieux innocens n'a rien que l'on deteste
Du sang des ennemis il n'est plus alteré,
Depuis qu'il a pour nous la terre dechiré.

Il sert sans se soüiller a ce paisible usage
Apres auoir serui l'ardeur & le courage.
C'est ainsi qu'autrefois les Dictateurs Romains
Exerçoient dans les champs leur triomphantes mains,
Et que ces nobles mains à vaincre accoûtumées,
Quittoient l'empressement & le soin des armées,
Pour guider la charruë & sur des sauuageons
D'vn art industrieux enter d'autres bourgeons.
Les champs reconnoissans payoient auec vsure
Les soins officieux d'vne telle culture ;
Les arbres les plus hauts offroient à pleines mains
Des fruits de toute sorte à ces braues Romains.
Les testes des Consuls de fueilles couronnées,
Auoient dans les forests de paisibles iournées,
Et loin de l'embarras des plus tristes soucis
On a vû dans ces lieux leurs trauaux addoucis.
Ainsi le grand Cyrus hors des soins de la guerre
Employoit son repos à cultiuer la terre.
Des arbres file à file il alignoit les rangs,
Comme d'vn bataillon on dresseroit les flancs,
Et des champs cultiuez l'innocent exercice
Estoit à ce Heros vne ombre de milice.
Ainsi le grand Louys va dans Fontainebleau
Du premier siecle d'or refaire le Tableau,
Et sa Royale main n'y doit estre occupée
Qu'à cultiuer les fleurs du fer de son espée.
Les arbres qu'ont plantez ses augustes ayeux
Tendent des-ia leurs bras à ce Roy glorieux,

Et portent iusqu'au Ciel leurs verdoyantes testes
Malgré tous les efforts des plus fieres tempestes.
A longs replis d'argent le Chrystal qui se fuit
Cede à peine la place à celuy qui le suit
Esperant de reuoir son Monarque à son aise,
Et d'estre le miroir des beaux yeux de TERESE.

F I N.

LES REIOVISSANCES DE LA PAIX
FAITES DANS LES COLLEGES de la compagnie de IESVS.

Es Muses, qui n'ont pas moins d'intereſt a la Paix, que les peuples, qui la reçoiuent, ont voulu donner des marques de leur ioye. Le ſilence que les rejoüiſſances publiques leur ont impoſé, & la retraite qu'elles ont couſtume de faire tous les ans, pour paſſer du Parnaſſe au Caluaire, les a obligées de preuenir la publication, & de remettre le reſte de leur pompe au iour qu'elles ont couſtume de receuoir nos Magiſtrats, qui les honorent de leur preſence pour receuoir les reſpets de ces diuinitez ſçauantes, qui ne trauaillent qu'à leur gloire. Elles ont eu peine de ſe reſoudre à ce ſilence, que les loix & la couſtume leur preſcriuoient, & la plus hardie en à porté ſes plaintes reſpectueuſes iuſqu'à ce glorieux Monarque, qui n'eſt pas moins le ſujet de leurs chants, que la cauſe de leur repos. Ces quatre vers luy ont ſerui de truchement.

La ſemai Sainte.

EPIGRAMME AV ROY.

Prince dont les vertus ont des charmes ſi doux,
Pourquoy cõmandez vous que nos Muſes ſe taiſēt;

A

Leurs illustres trauaux, & leurs peines leur plaisent,
Si vous leur permettez de trauailler pour vous.

Leur Parnasse, qui n'est pas moins double en cette ville que dans la Grece à partagé ses soins entre nos deux Colleges, & quoy que l'vn n'ayt rien de la Magnificence de l'autre, il n'a pas moins paru ingenieux dans la representation, que le petit nombre de ses nourrissons & sa petite estenduë luy ont permis d'entreprendre.

Le sujet estoit *le Genie de la France couronné d'Oliue & restituteur de la Paix.* Et l'Autheur nous fit entendre la cause de ce dessein, par ce compliment aussi net que delicat:

MESSIEVRS,

Tandis que toute la France retentit de cris d'allegresse, & que par ses feux de ioye elle fait éclater les ressentimens qu'elle a de la Paix, qui la fait passer de ses longues agitations à l'estat d'vn heureux repos: tandis qu'elle occupe ses peuples non plus à forger des armes, ny à fondre des canons pour seruir de foudres à la fureur, mais à faire des guirlandes d'Oliue pour couronner son Auguste Monarque, qui la fait respirer à l'ombre de ses lauriers, il est bien raisonnable que nos Muses temoignent la part qu'elles prennent aux reioüissances publiques, puisque la Paix n'est pas seulement le bien de la societé Ciuile, les delices de la Nature, l'appuy des Lois, & la couronne des Victoires; mais encore la mere des Sciences, la tutrice des Arts, & la reparatrice des Lettres.

Voicy

Voicy toute la conduite de cette action Allegorique.

Le Genie de la France lassé d'vne longue guerre, qui à fait couler le plus beau sang de ses veines apres auoir addressé ses prieres au Ciel pour la Paix de l'Europe, qui est le seul obiet de ses trauaux, & le but de toutes ses entreprises est surpris d'vn doux sommeil, qui fait la premiere auance du repos, que le Ciel luy destine. A peine a-t'il fermé les yeux, que le nonce de la Paix le couronne d'Oliue, & entoure le lys de ce Genie d'vne branche de ce mesme arbre. Il sort de ce paisible sommeil auec autant de ioye que d'estonnement, & il a peine de croire à ses yeux, qui luy representent ce Rameau d'oliue, & a ses mains, qui le portent. Les prouinces se presentent a luy pour faire leurs plaintes des maux que la guerre leur fait souffrir, il les console par l'esperance de la Paix, dont il leur montre le gage que le Ciel luy a donné, quand vn oracle luy annonce de mettre ce rameau sur vn autel pour reconnoitre la diuinité, qui est la cause de son bonheur; il obeït & apres auoir rendu ses vœux sur cet autel il se retire pour publier à tout le monde l'heureuse nouuelle de son repos.

La Discorde enragée de voir ses entreprises deconcertées par ce rameau d'Oliue tasche de l'enleuer de l'autel, le trouble & la guerre luy offrent leur secours, & desia l'autel estoit esbranlé par leurs premieres atteintes, quand le Genie de la France les renuerse d'vn coup de foudre, la victoire luy donne la palme apres vn si beau coup, & le nonce de la Paix suiui de la felicité & de la ioye publie solemnellement l'amitié iurée entre les deux plus puiſſans Monarques du monde.

Les vertus reſtablies par ce Genie pacifique luy forment vne couronne de tout ce que le monde a de plus exquis, & la mettent entre les mains de la religion, qui fait la ceremonie de ſon couronnement. Les glorieuſes ouurieres de ce diademe ſont la Pieté, la Valeur, la Temperance, la Iuſtice & la Prudence, qui deputent la renommée à tous les peuples pour leur annoncer la Paix, & les actions illuſtres de noſtre Roy incomparable, tandis que les ris & les amours donnent des temoignages de leur ioye par vne danſe.

LE grand College à qui le lieu & le nombre des Ecoliers eſtoient plus fauorables fit deux repreſentations, dont la premiere fut vne Tragedie accompagnée de quelques intermedes ſur le ſuiet de la Paix, & la ſeconde fut vne action Allegorique. Voicy l'argument & la conduite de l'vne & de l'autre, par leſquels vous pourrez iuger de toutes les beautez de ces deux pieces ingenieuſes qui ne furent pas moins heureuſement executées, qu'elles auoient eſté conduites ſelon toutes les regles du Theatre, & de la Poëtique d'Ariſtote.

DESSEIN

De la Tragedie repreſentée au College de la Trinité par les Rhetoriciens.

ARGVMENT.

TRebellius Roy des Bulgares, ayant embraſſé la Religion Chreſtienne, pour faire penitence de ſes *crimes* laiſſa le Royaume à ſon fils, & ſe retira dans la ſolitude pour y viure le reſte de ſes iours en habit de Religieux : mais quelques années apres ayant appris, que ce fils auoit abandonné le Chriſtianiſme, il ſortit de ſa Cellule, & s'eſtant déguiſé rentra dans ſon Royaume, où il fit arreſter ce prince Idolatre, & aprés l'auoir fait aueugler, & couronné le Prince Albert ſon ſecond fils, il ſe retira dans ſa premiere ſolitude. L'an 865. Sigebert. Zonaras Tom. 3. Regino L. 2.

Conduite de la Tragedie.

Le Prince des Bulgares victorieux, triomphe aprés la défaite de ſes ennemis, & pour reconnoiſtre la valeur de ſes chefs, leur diſtribue les principales charges de ſon Royaume. Son frere luy vient au deuant, pour luy témoigner la part qu'il prend dans le ſuccés de ſes armes, & aprés l'auoir ſalüé, ſe retire pour luy preparer vne ſuperbe entrée dans le Palais. On apporte les dépoüilles du dernier combat, dont il commande que l'on dreſſe vn trophée, qu'il conſacre luy meſme à Iupiter. Deux des chefs mécontens de voir leur fidelité ſoupçonnée, & leurs belles actions mal recompenſées, ſe plaignent de l'iniuſtice des cours où la vertu eſt ſouuent mal traitée, & ſont marris de n'auoir pas ſuiui Trebellius leur ancien maiſtre dans la ſolitude où il s'eſt retiré. Cependant Trebellius qui auoit déja appris les impietez de ſon fils, entre déguiſé, & reconnoiſſant ſes deux anciens ſeruiteurs, ſe cache pour ouyr leur entretien : ces chefs pour executer les ordres que le Prince leur a donné, vont prendre le reste des dépoüilles pour en charger le trophee, qu'ils trouuent à leur retour renuersé par Trebellius & par Melippus son compagnon, ils les arrestent comme des ennemis de l'Estat; & le Prince Albert estant retourné ils les luy liurent entre les mains. Il loüe la fidelité de ses Chefs que son frere auoit à tort soupçonnée, & interroge ces deux estrangers, en leur demandant premierement qui ils estoient, d'où ils venoient, & à quel dessein; Trebellius déguisé, respond qu'ils sont estrangers, qui viennent de la Thebaïde. Le jeune Prince surpris luy demande quel est ce pays, auquel le solitaire respond, que c'est le lieu où Trebellius ancien Roy des Bulgares s'est retiré. Ce nom de Trebellius surprenant Albert, luy fait dire aussitost? ha! c'est mon pere, vit il encore? de quel aage est-il? à quoy s'occupe-t'il. Il est de mon aage respond Trebellius, vestu comme moy, sa taille est semblable à la mienne, & il ioüit maintenant d'vn profond repos. Vn des anciens Seigneurs de la Cour reconnoit le Roy deguisé, qui ne pouuant plus tenir ses larmes, saute au col de son fils, & defendant à tous ceux de sa suitte de rien dire de sa venuë, luy expose la cause de son voyage. Androphanes & Corbulus les deux Chefs que le nouueau Roy venoit de disgracier sont les premiers à reconnoistre leur ancien Prince qui leur donne les ordres necessaires pour l'execution de son entreprise, & se retire auec eux, tandis qu'Albert deplore l'aueuglement de son frere, qui est retombé dans ses erreurs.

Le Roy qui ne sçauoit encor rien de la venuë de
son

son Pere, commande à Albert son frere de quitter la religion Chrestienne, afin que le Royaume ne soit plus partagé en deux cultes differens. Albert indigné de la proposition qu'il luy fait, deteste son impieté, & se retire. Cependant Corbulus suiuy de deux soldats vient pour arrester le Roy, qui mettant la main à l'espée pour se defendre est arresté par les soldats, qui le desarment. Il appelle ses gardes : mais se voyant trahi & abandonné de tout le monde, & apprenant que c'est par ordre de son pere qu'on le retient, il s'emporte aux derniers mouuemens de colere & reproche à Corbulus sa perfidie. Trebellius entre apres s'estre fait reconnoistre dans la Cour, le Roy qu'on a arresté, se iette à ses pieds, mais il ne le veut point voir, & refuse mesme sa grace à Albert son frere, qui la demande à genoux. Le Prince connoit sa faute, & la deteste, mais son Pere ne se fiant point à ses protestations commande qu'on assemble le Conseil pour y deliberer du chastiment qu'on luy doit faire souffrir, & se retire laissant Albert, qui tâche de gagner à soy les Conseillers d'Estat pour faire pardonner à son frere.

Le Conseil s'assemble où Trebellius prend le Ciel à tesmoin, que ce n'est pas le desir de regner qui l'a fait sortir de sa solitude, & qu'il ne veut que remettre le culte du vray Dieu. On y traite du chastiment du Prince, qui est condamné à estre aueuglé. Corbulus est despéché pour faire executer l'Arrest. Audrophanes le suit pour empescher la sedition du peuple, qui tuë Corbulus. Cependant Trebellius reprend des sentimens de tendresse pour

A iiij

son fils, lors qu'Androphanes luy vient donner la nouuelle de son aueuglement, & de la constance qu'il à témoignée dans ce supplice. Albert est declaré Roy, & Trebellius retourne dans son desert, tandis que le Prince repentant de sa faute deteste son crime prés de son frere, qui partage auec luy le Royaume.

DESSEIN DES INTERMEDES.

L'Amour glorieux de la victoire qu'il a remportée sur Mars, qu'il a mis à mort auec vne seule de ses flêches, entre auec l'Espée sanglante qu'il luy a ostée, & demande pardon aux destinées d'auoir si tard executé ce coup. Mercure vient de la part des dieux luy donner la joye de sa Victoire, & rendre les derniers deuoirs au vaincu. L'amour y consent à cause des seruices que Mars a rendus à S.M. dans tous ses combats, cependant Mercure fait l'office de Heraut, & regle les ceremonies. Vne troupe de soldats vestus de noir, entre les armes baissées, on porte les vrnes couronnées des quatre fondateurs des Monarchies, qui ont sacrifié leur vie à Mars. La Guerre ferme toute la pompe, portant vn flambeau esteint & renuersé auec vne vrne pleine des cendres de Mars, dont elle déplore le sort, & fait l'Epitaphe en ces vers.

Ergo æternæ oculos Marti preßêre tenebræ,
Atque sinu excepit mortem Deus immortalis!
Huc tantum decreuit numen! & ordine longo
Pompa præit, mæstósque ciet nox præfica luctus.
Perge Heros, quo fata vocant; mortalibus esto

Cedo

Cede odijs, placidæque modò te subtrahe Paci,
At viuent monumenta tuæ post sæcula famæ,
Et te nobilitas atque ardua pectora flebunt,
Quêis solitus faciles armare in prœlia dextras
Effuso toties tinxisti tela cruore:
Vndè nec occurrit totis vespillo feretris.
Sed genus, & mortis referant hæc marmora causas.

QVI IVRA POPVLIS, IVRA QVI SOLIIS
  DEDIT,
REGVMQVE CAPITI LVSIT IRRISO PRO-
  CAX,
HIC MEMBRA TANDEM MORTE COMPO-
  SITVS IACET,
VIXQVE VRNA TOTIS INVENIT TERRIS
  LOCVM.

Au second Intermede l'Amour inrroduit la Paix, & la fait monter sur le Trône, d'où elle inuite les Peuples à la ioye. La Victoire luy amene la Fortune enchaisnée, & Apollon se voyant déliuré du bruit des armes, vient pour la couronner: mais la Paix luy commande de mettre ses couronnes aux pieds de nostre Monarque, qui est l'autheur de son repos. Elle ordonne, qu'on change les armes en instrumens de chasse, pour ne plus faire de guerre qu'aux bestes. Les Heros luy font vn Triomphe pour la reconoître la Maîtresse du Monde.

A iiiij

LA PAIX DV PARNASSE

Representée par les Humanistes du College de la Trinité à Lyon.

ARGVMENT.

SI le Parnasse auoit ses troubles ainsi que l'Europe, il veut auiourd'huy terminer ses differens tandis que deux grands Monarques font publier auec tant de pompe la Paix & le repos à leurs suiets.

La Poësie ne cessoit depuis long-temps de l'inquieter par des guerres ciuiles, & son ambition qui ne vouloit point souffrir de partage entretenoit dans son cœur vne haine irreconciliable contre l'Eloquence: la bienueüillance d'Apollon & le grand nombre de ses enfans enfloient son courage, & luy donnoient vne belle occasion de chasser tous les Orateurs, pour honorer de leurs charges ses partisans. Dans cette veuë elle entreprend la guerre & donne le defy au party contraire; mais elle ne trouue pas des effeminez. L'Eloquence animée d'vn courage masle dispose les siens a la defense, & par les fortes resolutions qu'elle inspire dans les cœurs de ses enfans elle promet vne sanglante bataille. Apollon estoit trop interessé dans cette querelle pour la laisser aller plus auant, il n'est pas plûtot auerty de leur dessein qu'il cite les parties, & se laissant flechir a leurs larmes il vse de sa clemence & dressant luy mesme les articles de la Paix il merite le nom & la gloire de pacifique.

Le suiet de cette action a esté imprimé en vers François

François dont ie ne vous donne icy, que la moitié, qui seruira a faire connoître la viuacité d'esprit de leur Autheur.

Graces aux immortels, qui d'vn soin pacifique
Font entre deux riuaux vn accord magnifique
Et par des sentimens tout a fait paternels
Vnissent leurs esprits par des nœuds eternels.
Il n'appartient qu'aux dieux qui regissent la terre
D'entretenir la paix au milieu de la guerre;
On ne peut resister a leurs puissans efforts
Qui font de l'vniuers les aimables accords.
On ne parlera plus de soldats sur la terre,
Les chants succederont aux troubles de la guerre:
Le Parnasse va voir vne eternelle Paix
Le suiet de nos vœux & de tous nos souhaits.
Il tournera ses soins a bannir l'ignorance
Qui paroit en nos iours auec trop d'insolence,
Et laissant pour tousiours les mouuemens guer-
riers
Nous prendrons du repos a l'ombre des lauriers.
La rose sans espine a nos yeux se presente,
Le calme reuenu fait cesser la tourmente,
Nous voyons a present la fin de nos trauaux
Par l'accord impreuû de deux puissans riuaux.
Nous ne penserons plus aux soins de la defense
Nous ne souffrirons plus aucune violence
Et poussant de nos Luths des tons melodieux
Nous ferons retentir le pouuoir de nos dieux.

On a reserué au iour de la Trinité le reste des resioüissances de nos Muses, & l'on prepare à ce suiet des Emblemes ingenieux & diuerses pieces de Poësie.

DESCRI

DESCRIPTION

De l'appareil du College de la Trinité sur le suiet de la Paix.

NOs Muses pour reconnoiſtre nos Magiſtrats, qui ſont leurs fondateurs, & leurs bien-faiteurs ordinaires dreſſent toutes les années vn appareil auſſi ſçauant, & ingenieux, qu'il eſt beau & magnifique. On tend toute la grande cour du College de Tapiſſeries de haute lice, ſur leſquelles on expoſe des Enigmes, des emblemes, & diuerſes ſortes de compoſitions Grecques & Latines, en vers & en proſe. Apres vne Meſſe ſolemnelle à laquelle le R. P. Recteur du College complimente Meſſieurs, qui compoſent le corps de ville, & leur preſente vn flambeau marqué des armes de la ville, & d'vn nom de IESVS dans vne ouale rayonnante, pour les reconnoitre fondateurs de ce College. On leur donne le diuertiſſement d'vne petite action de Theatre dont le ſuiet eſt ordinairement pris des ſingularitez de la ville, des actions les plus glorieuſes de ſa Maieſté, ou des plus beaux euenemens du Royaume. Ainſi nous auons vû depuis quelques années repreſenter *Athenæum Lugdunenſe*. L'ancienne Academie de Lion, & ſon autel celebre, que toutes les nations venoient enrichir de leurs vœux, & de leurs preſens. Vne autrefois *la diſpute des plus fameux Colleges de l'Europe*, à qui receuroit

receuroit le prix d'Apollon estant reconnu le plus magnifique, & celuy de Lion couronné, qui deposa sa couronne aux pieds de ses fondateurs. *Le iugement de l'Empereur Claude Lionnois*, quand pour terminer le procez d'vne mere ; qui ne vouloit pas reconnoitre son fils qui auoit long-temps esté éloigné d'elle, il luy commanda de le prendre pour Mary, & l'obligea par cet acte de prudence à se declarer sa mere. *Lugdunum gloriæ sedes.* Lion le siege de la gloire, ou tous les illustres des temps passez venoient chercher la gloire, qu'ils n'auoient pû trouuer ny dans leurs voyages, ny dans leurs estudes. *Le ballet des destinées de Lion*, ou le destin par le moyen de ses miroirs faisoit voir Lion basty, Lion restably apres sa ruine, Lion Chrestien, & Lion François, qui faisoient les quatre parties du ballet. On a choisi cette année pour dessein *l'Isle de la Conference*, qui est le plus beau & le plus propre du temps.

Apres cette action, des Ecoliers de toutes les classes inferieures leur recitent des Epigrammes Grecques, Latines, & Françoises, & pendant leur disner on les complimente en dix ou douze langues differentes.

Tous les suiets de ces compliments son tirez de la Paix. Apres vn discours François, qui sert d'explication à tous les autres, dont il expose le dessein. Le compliment en langue Hebraïque montre les auantages de la religion dans la Paix. Le Grec les auantages des Sciences. Le Latin les auantages des peuples. L'Italien les auantages des Arts. L'Allemand les auantages du commerce. L'Espagnol les
auantages

auantages de la vie ruſtique. Les vers François la gloire de noſtre Monarque dans la Paix, les autres langues expliquent diuers autres auantages.

Les Emblemes ſont diuiſez en trois ordres, & partagez aux trois claſſes de Rhetorique, d'Humanité, & de Troiſieme.

Le ſuiet des Emblemes de Rhetorique eſt la gloire des Sciences reſtablies par la Paix. Il y a ſix emblemes ſur ce deſſein, le premier eſt general & porte pour titre.

SCIENTIÆ
PER PACEM RESTITVTÆ.

La Paix introduit toutes les ſciences dans vn beau temple qu'elle leur à redreſſé, & l'on void la Philoſophie, la Mathematique, la Rhetorique, l'Hiſtoire, & la Poéſie, qui ſortent les vnes des creux des montagnes, les autres du fond des bois, & qui entrent dans ce temple chargées de tous les inſtrumens dont elles ſe ſeruent. Le mot qui ſert d'ame à ce tableau eſt tiré de l'Eneïde de Virgile.

Sedes ibi fata quietas oſtendunt.

& la peinture eſt expliquée par ces vers peins dans vne grande cartouche faite de cornes d'abondance d'ou ſortent des fleurs & des fruits auec des branches d'oliuier entrelaſſées à la couronne de France.

Hoc vobis ſurrexit opus, ſuccedite tectis,
 Quæ modo virgineo ſunt ſatis apta choro.
Expectaia diu ſedes ibi fata quietas
 Oſtendunt; procul hinc terror, & hoſtis erunt.

I I.

II.
LA PHILOSOPHIE.
PHILOSOPHIA RESTITVTA PER PACEM.

La Paix dissipe les broüillas, & les nües, qui couuroient le Ciel, & fait paroitre les estoiles, & la voye de laict par laquelle des Philosophes, & des Heros montent dans le Ciel, tandis que la Philosophie appuyée sur vn globe considere les astres, que la Paix luy montre en luy disant par vn rouleau, qui fait la deuise de ce tableau.

Cœlo speculare sereno.

Les vers qui accompagnent le tableau sont ceux-cy auec les mesmes ornemens que les autres.

Alma parens rerum cœlo speculare sereno.
Purius & nitido tramite Phœbus eat.
Semita nunc melior sapienti aperitur olympi,
Dum pro sanguineâ lactea pacis erit.

III.
LA MATHEMATIQVE.
MATHESIS PER PACEM RESTITVTA.

La Paix commande a de petits amours de changer des armes en instrumens de Mathematique. L'vn fait vne regle d'vne pique, vne lunette d'vn canon de mousquet, vn quart de cercle d'vn haussecol, vn compas de deux espées, &c. La deuise est.

Materies

Materies eadem sub formâ dispare.
Pour dire, que les armes, qui ont entretenu la guerre, ont esté la matiere de la Paix, en obligeant l'ennemy de la receuoir. C'est ce que ces vers disét.

Festinate mei pensum iam reddere Amores,
Regula sit per vos hasta quod ante fuit,
Materies eadem sub formâ dispare ; *bello*
Gaudia quæsita quam propè pacis erant!

IV.
L'ELOQVENCE.

ELOQVENTIA RESTITVTA PER PACEM.

L'Eloquence tient les peuples enchaisnez par les oreilles, comme la fable a feint que l'Hercule Gaulois les tenoit, & la Paix luy presente de sa part des cœurs enchaisnez. La deuise.

Quis vincla recuset?

Ces chaisnes sont si belles qu'il n'est personne, qui ne face gloire de leur immoler sa liberté. C'est ce que disent les vers suiuans.

Libertas sine sorte perit: discrimine nullo
Flexanima accipiunt diues inopsque iugum.
Quis tamen auertat collum. Quis vincla recuset?
Vincula quin imò tam pretiosa placent.

V.
L'HISTOIRE.

HISTORIA RESTITVTA PER PACEM.

La Paix voyant les statues de tous les Heros des temps

temps passez abbatuës & froissées commande aux Muses de les redresser, elles trauaillent toutes neuf dans deux grands portiques, l'vne reioint les pieces éparses de l'image de Cesar, vne autre remet à celle d'Alexandre vn bras, tandis que sa compagne ramasse la teste de l'image de Cyrus: quelques autres regrauent des inscriptions demy effacées, & la deuise explique le dessein de la Paix.

Substituam quodcumque deest.

qui est encore mieux exprimé par ces vers.

Iam turpes coëant labes, natisque legenda
    Altius accipiat nomina magna silex.
Substituam quodcumque deest : quod prisca negarunt
    Sæcula, nunc melius, tu Lodoïce dabis.

Sa Maiesté doit acheuer tout ce qui manque de lustre a l'Histoire.

VI.
LA POESIE.
POESIS RESTITVTA PER PACEM.

La Paix redonne à Apollon sa lyre, & foule aux pieds des Trompettes, & des Tambours cassez. Mars & Bellonne sont cependant enchaisnez a des oliuiers aupres d'vn tas de leurs armes rompuës. La deuise conuient a la lyre renduë.

Silentibus armis consonat.

EPIGRAMME.

Plaudite Pierides, & aprici gramine campi
    Mollia suspenso membra mouete pede.
Tangit Apollo chelim, qua nunc torpentibus armis

B

Consonat, & numeris tinnula quemque
trahit.

LE SVIET des Humanistes est l'vtilité des Arts dans la Paix representée par onze Emblemes, dont le premier explique en general le dessein & porte pour titre.

ARTES PACI VECTIGALES.

La Paix assisse sur vn Trône reçoit les hommages de tous les Arts, qui viennent s'offrir a elle, & luy temoigner leurs reconnoissances. Ces Arts sont la Peinture, la Sculpture, l'Architecture, l'Agriculture, l'Imprimerie, &c. La deuise enseigne, que leurs respets ne sont pas seulement exterieurs, mais qu'ils partent du cœur, & ce mot Equiuoque

EX ANIMO

montre, que comme c'est l'ame, qui est l'Intelligence, qui donne le mouuement a tous les Arts, elle rend temoignage, que les deuoirs qu'ils rendent à la Paix sont sans artifice. Ce que cette Epigramme exprime encore plus galamment.

Quælibet Ars proprio veneratur munere Pacem,
Abstrusásque diu fundere gaudet opes.
Ex Animo famulans, dum vectigalia diua,
Ars iniussa refert, Ars procul omnis abest.

II.
L'INDVSTRIE.
INDVSTRIA PACEM ORNAT.

Les Arts inu.tez par l'Industrie pelchent dans
vne

vne mer calme, des perles, du corail, & des pierreries, dont ils font des guirlandes pour parer la Paix. La deuise nous apprend que la Paix ne souffre point d'autres larmes dans le monde, que celles de l'Aurore, qui font des perles dans les nacres, & des fleurs dans les Iardins.

Hæc vna est lacryma terris.

& l'Epigramme nous apprend la ioye, que ces larmes doiuent causer.

Proh superi! quanto lacrymarum fonte madebat
Bœtica, quot gemitus Gallia nostra dabat!
Vnio iam superest. Hæc vna est lacryma terris.
Et collo & manibus dulcia vincla parat.

III.
L'AGRICVLTVRE.
AGRICVLTVRA PACI VECTIGALIS.

On oste a des Heros leurs couronnes de laurier pour leur mettre des guirlandes d'Oliue, d'vn autre costé des genies forgerons changent des armes en instrumens d'Agriculture, tandis que la Paix reçoit les hommages de Flore & de Pomone. La deuise montre les obligations que ces deesses ont a la Paix.

Quod necuit vitam præbet.

& cette Epigramme luy sert d'explication.

Transadigit telum mortalia viscera, & ausus
Indignata, rubro tramite vita figit.
Quod necuit vitam præbet: modo vomere Arator
Dum fodiet, itam, vulnera milla, dabit.

B ij

IV.
LA CHASSE.
VENATIO PACIS.

Des Amours chasseurs tendent des pieges dans vn bois d'oliuiers, & prennent le Repos endormy sous vn de Ces arbres, ils le menent en triomphe dans vne ville, qui paroit en eloignement. Les habitans en sortent en foule pour receuoir ce beau captif. La deuise enseigne qu'il faut de l'esprit, & de l'addresse dans cet exercice de la Noblesse, & qu'il n'en a pas moins fallu dans la Paix.

Est opus ingenij.

c'est ce qu'expliquent aussi ces quatre vers.

Quæ verè insanas voluit componere lites
Gallia Pacificas, itque reditque vias.
Est opus ingenij, *non est pax empta cruore,*
Ast sese, variis artibus acta dedit.

On void bien que l'Autheur veut faire allusion a la Prudence, & a la conduite de son Eminence, dans toutes les conferences, qui se sont faites pour ce traité.

V.
LA PEINTVRE.
PICTVRA PACIS.

Le fond du tableau represente l'attelier d'vn peintre, ou l'on void quantité d'esbauches, de modelles, & de crayons. La peinture tenant sa palette & ses pinceaux en mains fait le portrait de la Paix

assistée

assistée der graces qui broyent les couleurs. La deuise s'applique a la Paix.

Color est è pluribus vnus.
EPIGRAMME.
Desine terrificos pictor miscere colores,
Desine sanguineis dedecorare notis,
Exemplar sit sola quies, è pluribus vnus
Est color : vt multo è pectore pectu: erit.

VI.
L'ARCHITECTVRE.
ARCHITECTONICA
PACI TEMPLVM STRVIT.

Des Amours Architectes battissent le temple de la Paix sur le modele de celuy de Salomon, & trauaillent a des chiffres d'L. & de T. couronnez & entrelassez a des guirlandes d'oliuier & a des fleurs de lys meslées a des Lions & a des chasteaux pour faire les ornemens des frises & des chapiteaux. La Paix preside a tout l'ouurage qui se fait sans bruit, c'est aussi ce que la deuise exprime.

Labor absque tumultu.

L'Epigramme fait allusion a Amphion, qui bastit au son de sa lyre les murailles de Thebes, & dit que l'amour fait la mesme chose que ce musicien.

Malleus haud cura est, dum templum Pacis ad astra
Euehit Amphion, qui fuit alter, Amor.
Erigit vnus Amor; labor est hinc absque tumultu.
Quod placidè structum est, sæcula vincet opus.

On a voulu faire allusion a sa Maiesté sous l'Embleme de Salomon dont le nom signifie vn Prince Pacifique, comme entre les ornemens du temple de Ierusalem il y auoit des guirlandes d'oliue, des lys, & des Lions.

VII.
L'IMPRIMERIE.
TYPOGRAPHIA PACI VECTIGALIS.

C'est vne chambre d'Imprimerie ou l'on trauaille à l'honneur de la Paix. Le trauail tient la Presse, Minerue compose, la Memoire distribuë, & le Iugement corrige les épreuues, tandis que l'Imprimerie dont la robbe est toute semée de caracteres preside à tout le trauail. La deuise s'applique à l'ancre de l'Imprimerie, & aux mauuais temps, qui ont precedé la Paix.

Venit à Nigredine splendor.
EPIGRAMME.
Sanguineum dederat rabies male sana colorem,
Nobilitas animi quò monumenta daret.
Nunc melior clarâ venit à Nigredine splendor
Fœdatur rubeis nec modò charta notis.

VIII.
LA MVSIQVE
DVCES OTIOSI PACIS LAVDES CARMINE CELEBRANT.

Quatre soldats de diuerses nations chantent en partie,

partie, tandis que la Paix bat la mesure auec vn sceptre. On void vn tas de Tambours, & de Trompettes muettes en vn coin du tableau. La deuise nous enseigne, que comme le concert & l'harmonie se compose de voix differentes, de mesme les François & les Espagnols dont les humeurs ne sont guere sympathiques ne laissent pas d'estre d'accord.

Discordia Concors.
EPIGRAMME.
Non aures tormenta mouent, modò buccina, & omnis
  Armorum strepitus pace canente silet.
Nunc cœlum meliora, duces Discordia concors
  Dum facit vnanimes carmine, corda ligat.

IX.
L'ART DE NAVIGER.
ARS NAVTICA
PACI VECTIGALIS.

Ce tableau represente vne mer calme, & vn grand rocher auquel les vents sont enchaisnez par Eole, le seul zephir couronné de roses est en liberté, & pousse doucement vn vaisseau, qui porte le pauillon de France, la Paix en tient le gouuernail, & le dresse pour prendre port sur vne coste d'Espagne, ou des Espagnols l'attendent auecque ioye. La deuise est propre du vaisseau, qui vnit par ses courbées les prouinces que les mers diuisent, & qui en ce sens est le symbole de la Paix.

B iiij

Copula Regnorum.

EPIGRAMME.

Ite rates, rabidum pax vobis mitigat æquor,
Æoliúmque genus sub pia iura trahit.
Iam discrimen erit, maris in discrimine nullum,
Certáque Regnorum Copula fluctus erit.

X.
LE COMMERCE.
NVNDINÆ PACIS.

Cet Embleme represente vne foire ou toute sorte de nations trafiquent, on y vend des choses propres à la Paix, des caualiers marchandent des Luths & des Guiterres, on y achepte des cœurs d'or & d'argent, & la Paix donne des passe ports, en vn coin du tableau se void vne ville en eloignement auec vn bras de mer, & vn port ou abordent des vaisseaux chargez de marchandises. La deuise conuient à la Paix.

Facit hæc commercia mundo.

EPIGRAMME.

Arma procul, procul exuuiæ, cum Marte tropœa
Omnia, sunt diris vsque pianda rogis.
Corda emite, Hæc omni faciunt commercia mundo
Pax & amor ; pretij nunc melioris erunt.

LES TROISIEMES ont pour suiet les Vertus tributaires à la Paix, qui les a restituées, & leurs Emblemes portent pour titre general.

VIRTVTES

VIRTVTES PER PACEM RESTITVTÆ.

Le premier tableau represente le deſſein general de tous les Emblemes. C'eſt l'Iſle de la Paix qui ſe fait connoitre par des Oliuiers, des cornes d'Abondance des fleurs, & des fruits. Quatre Amours en tiennent les auenuës, l'vn ſe ioüe auec les Alcyons, l'autre peſche des perles, tandis que l'vn de ſes compagnons diuertit les poiſſons au ſon du Luth, & qu'vn autre peſche des Dauphins. Au milieu de cette Iſle le Roy & la Reine vniſſent deux demy couronnes qu'ils offrent au Ciel pour en obtenir la Paix, qui leur paroit accompagnée de l'Abondance & de la Felicité auec tous les ſymboles des vertus, qu'on void deſarmées a la porte d'vn temple: cette Iſle repreſente celle des conferences, qui porte depuis la concluſion du traité, le titre glorieux d'Iſle de Paix.

Tous ces Emblemes ſont dediez aux Princes, qui ont contribué à la Paix, & aux corps les plus illuſtres du Royaume, celuy-cy eſt particulierement conſacré au Roy & à la Reyne future, mais comme il tient lieu d'Enigme le ſens particulier, que l'Autheur luy donne eſt encore ſecret, & les vers qui accompagne le tableau ne paroiſſent pas ſi toſt.

I I.

Le ſecond tableau eſt dedié a ſa Maieſté ſous ce titre.

LES REIOVISSANCES
LVDOVICO ADEODATO.
VIRTVTES
PER PACEM. RESTITVENTI.

Le Roy couronné des Lauriers qu'il a moiſſonnez dans ces dernieres campagnes, paroit entre deux pyramides que la gloire luy a dreſſées & s'auance pour fermer le temple de la guerre, tandis que les vertus luy font hommage, & luy preſentent chacune leur ſymbole particulier. La deuiſe nous aſſeure, qu'il ouure le Ciel en fermant le temple de Ianus.

Claude templum, & cœlum aperis.
EPIGRAMME.
Claude triumphali feralia limina dextrâ,
Sanguineum æterno carcere claude Deum.
Hâc Lodoïce cadent virtutum vincula dextra:
Clauáque iam monſtris hæc, tibi clauis erit.

A peine ce temple à commencé d'eſtre fermé, que l'hereſie a reſſenti les premies coups de noſtre Hercule, & ſi ſon victorieux Pere a pris autre fois la maſſe pour deuiſe auec ce mot.

Erit hæc quoque cognita monſtris
Ce Prince Pacifique n'en fera pas moins ſentir la peſanteur à cette hydre.

III.

LA CHASTETE.

Le troiſieme eſt dedié à l'Infante ſous ce titre.

NOBILISS.

NOBILISS. INFANT. HISPAN.
Reginæ futuræ.

CASTITAS IN PACE FLORENS.

La Chasteté paroit assisse sous vn oliuier au milieu d'vn beau parterre remply de fleurs, elle tient vn gros faisseau de lys, tandis que de petits amours font vne haye à ce Iardin, des armes dont on s'est serui à faire la guerre. L'vn plante vne pique, l'autre estend vn estendard, & les autres fichent des espées & des lances en terre, les abeilles nichent dans vn casque qui leur sert de ruche. La deuise montre assez que les armes ne sont pas faites pour la defense de la Chasteté, & que iamais elle n'est plus asûrée, que lors que les armes ne sont pas en vsage.

Tuta iacentibus armis.

EPIGRAMME.
Gallica Virgineo florescent lilia cultu,
 Hæc circum pueri languidus ensis eat,
Defixæque hasta, telluris inutile pondus,
 Hoc cultu, his septis lilia tuta magis.

IV.
LA PRVDENCE.

Le quatrieme tableau represente la prudence de son Eminence a qui il est dedié sous ce titre.

EMINENTISS. CARD. MAZARINO.
PRVDENTER PACEM SANCIENTI.

La Prudence arreste la roüe de la Fortune, sur laquelle

quelle est placée la Victoire tenant des lys en main. Cependant la Force attaque à main armée des villes gardées par vn Lion, mais la Prudence luy montre que la Victoire a des aisles au dos, & comme cette vertu fait connoitre qu'elle est vne vertu Cardinale par vn chapeau rouge qui est à ses pieds, elle fait aussi connoitre qu'elle est pacifique estant couronnée par la Paix mesme, qui descend du Ciel. La deuise est vne sentence,

Melior est certa Pax, quam sperata victoria.

EPIGRAMME.

Expectata venit lento victoria gressu,
  It pennâ leuior, labiliórque rotâ.
Cauta rotam figit metuens Prudentia casus,
  Certáque quam dubijs sint potiora docet.

La roüe de la Fortune arrestée par vn faisseau Romain, qui est la piece principale du blason de S. E. montre que c'est sa Prudence qui affermit nôtre bon-heur.

V.
LA FORCE.

Le cinquieme tableau est dedié à la valeur de Monsieur le Mareschal de Turene general de nos troupes en Flandres, sous ce titre.

FORTISSIMO EXERCITVVM DVCI.
POLEMARCHO TVRENIO.

Hercule couché sous vn palmier lasche vn Lion, & vne couleuure qu'il tenoit captifs, tandis que de petits amours le desarmét, & changent sa couronne de Laurier en vne couronne d'Oliuier. La Paix que cet Heros regarde auec respet luy presente vne chaisne chaifne d'or qu'il reçoit volontiers tandis qu'elle brûle fes armes qu'vn amour à brifées. La deuife fait affez voir, que l'amour eft à prefent le feul triomphateur a qui il eft permis d'eftendre fes conqueftes, & s'il a defarmé ce chef de nos armées, ce n'eft qu'apres qu'il à faict tomber les armes des mains de noftre Monarque.

Vincit inermis amor.

& l'Epigramme montre affez, quel eft le merite de cet Heros, que nous reprefentons fous la figure d'Hercule.

Hifpani Alcidem quondam hunc timuêre Leones,
 Quem puer Aftrææ vincit inermis amor.
Eripit hic laurum, Palmis hunc obruit ille,
 Ne gerat æternùm Tertius arma cremat.

VI.
LA TEMPERANCE.

Ce tableau eft dedié à la Nobleffe Françoife, qui a ferui le Roy dans fes armées.

INVICTISS. GALLIÆ HEROIBVS.
 A VICTORIA
 SIBI TEMPERANTIBVS,

Des Heros paroiffent fous des Lauriers ou la Victoire leur prefente des villes auec vn Lion enchaifné; mais la Paix attire leurs regards & chacun d'eux luy tend la main pour receuoir des branches d'Oliue, & des Efpics qu'elle leur prefente. Il n'y a que ce mot pour deuife.

Satis.

EPIGRAMME.

Bellorum fatis eft, fufi fatis enfe cruoris,
 Quâ gens cumque patet, clamat vbique Satis.
　　　　　　　　　　　　　　　　　　Sed

Sed dum protrudit fuppiex victoria palmas,
Quæ, nisi Gallorum dixerit vlla Satis?

VII.
LA IVSTICE.

Le septieme est dedié aux Magistrats, qui rendent la Iustice sous ce titre.

INTEGERRIMIS SACRÆ
Themidis Antistitibus.

IVSTITIA
PER PACEM RESTITVTA.

La Iustice descend du Ciel auec sa balance d'ou tombent des richesses sur vne foule de peuples. La Paix luy met en main l'espée qu'elle vient d'oster à Mars qui est enchaisné a vn trophée fait de ses propres armes. La deuise explique assez, que cette espée ne peut pas estre mise en de meilleures mains, que celles de la Iustice, qui ne s'en sert qu'à propos.

Æquiùs hoc vsura.
EPIGRAMME.
En cecidit tandem proprio Mars impius ense
Cœpitque à Domino mucro ferire suo.
Æquiùs hoc vsura Themis, dum iura reponet.
Mars pereat, mundus, quo periturus erat.

VIII.
LA FOY.

Ce tableau est dedié aux Cheualiers des ordres du Roy, qui sont les defenseurs de la Foy.

CHRISTIA

CHRISTIANIS MILITIBVS
bella pro fide gesturis.

FIDES
POST PACEM TRIVMPHATVRA.

La Foy chasse l'Heresie, & l'Impieté de leurs temples d'ou l'on void sortir des serpens. La Paix luy met le casque en teste, & l'espée en main pour aller combattre les ennemis de l'Eglise. La deuise luy enseigne quelles guerres elle doit entreprendre.

Pia bella supersunt.

EPIGRAMME.

Vertite victrices Caluini in viscera dextras,
Concordi discors hæresis ense cadat.
Vertite concordes Turcarum in cornua turmas
Vna hæc pacificis sunt pia bella super.

IX.
L'ESPERANCE.

Cet Embleme est consacré au bon-heur de la France, comme son titre le montre.

GALLIÆ FELICITATI.
SPES
PER PACEM CORONATA.

L'Esperance paroit sur la proüe d'vn vaisseau dont les voiles sont pliées, & dont l'anchre est ietté. Elle a les yeux leuez au Ciel d'ou la Paix descend portant d'vne main vne couronne d'Oliuier, & de l'autre luy montrant la constellation du Dauphin, cependant les Tritons sonnent de leur conques marines, & deux amours tirent de l'eau vn Dauphin
qu'ils

qu'ils mettent à la poupe, pour estre le signe ou le *Dieu conduit* du vaisseau. La deuise se rapporte à la constellation du Dauphin.

Hoc respicit vnum.

Comme les autres vaisseaux reglent leur route sur l'aspect de l'ourse, l'Esperance ne regle la conduite du sien que sur les fauorables aspects du Dauphin Celeste, qui luy en promet vn pour la France.

Delphini placidos præbent discrimina portus,
Blanditúrque illi cùm furit vnda magis.
Fluctibus in mediis Sidus dum Respicit vnum
Gallica Spes tumidis est mage tuta vadis.

X.
LA RELIGION.

Cette vertu, qui fait l'ornement du Clergé est consacrée à cet Auguste corps en cet Embleme sous ce titre.

SACRIS SANCTÆ ECCLESIÆ
Præsulibus.

RELIGIO
PER PACEM RESTITVTA.

La Religion purifie vn temple portant d'vne main vn flambeau allumé, & de l'autre vn encensoir dans lequel la Pieté met des charbons, qu'elle tire du feu, que la Paix à mis à vn trophée d'armes. La deuise montre, que les choses les plus profanes peuuent seruir aux mysteres sacrez, quand la religion les a purifiées.

Et profunt impia sacris,

On void assez quelles allusions on a voulu faire
en

en cet Embleme, puisque si l'Eglise naissante consacra les temples des fausses diuinitez en Eglises apres la ruine de l'Idolatrie, on peut faire seruir ceux des Caluinistes à nos vsages sacrez.

EPIGRAMME.

Non opus huc Arabes mittant sua Thura Sabæi
 Hic meliore placet fumus odore polis.
Impia sic prosunt sacris *altaribus arma,*
 Quæ nocuere aris integra, trunca piant.

XI.
LA CONCORDE.

Ce tableau represente l'vnion des peuples, à qui il est dedié.

ÆTERNÆ POPVLORVM
 Concordiæ.
CHARITAS
PER PACEM RESTITVTA.

La Concorde tient d'vne main vn Lion, vn Aigle, & vne couleuure enchaisnez, & de l'autre vn foyer sacré où tous les peuples apres auoir quitté les armes, apportent leurs cœurs, pour les ioindre en vn au feu de l'amour. L'habit de cette vertu est semé de Grenades qui sont les symboles de la concorde des peuples. La deuise est prise de l'histoire de l'Eglise naissante decrite dans les Actes, où il est dit que les premiers Chrestiens n'auoient qu'vn cœur.

Cor vnum.

EPIGRAMME.

Quam benè concordi coëunt animalia vinclo!
 Istis conflantur quam benè corda rogis.
Aurea primæui redeunt nunc sæcula Petri,
 Córque vnum in multis est benè corporibus.

C

XII.
LA VIGILANCE.

Il est iuste que nos Magistrats, qui ont tousiours entretenu la Paix de cette ville, & qui l'ont publiée auec tant de pompe, ayent part à nos reconnoissances. C'est pour ce suiet que ce tableau leur est consacré sous ce titre.

NOBILISSIMIS VIRIS
Mercatorum Præposito & Consulibus.
PAX LVGDVNENSIS
EORVM VIGILANTIÆ
VECTIGALIS.

Cet Embleme represente vn Iardin semblable à celuy des Hesperides au milieu duquel Hercule qui represente la Maiesté fiche en terre sa masse, qui se change en vn Oliuier, qui est le symbole de la Paix. Vne Nymphe qui represente la ville est assisse sur vn Lion qu'elle caresse à l'ombre d'vn Pómier, & d'vn Chesne. Ce Iardin est biē palissadé, & l'entree est munie d'vne haute Tour sur laquelle sont placées les armes de la maison de Neuf-ville Villeroy, comme sauuegarde du lieu. Saint Michel protecteur du Royaume en garde l'entrée, & tuë vn Dragon, qu'il tient sous ses pieds, qui represente la guerre ciuile. L'esprit de l'Autheur de ce tableau paroit en l'addresse qu'il a eu d'vnir en vn dessein les armes de tous nos Magistrats. Car le Pommier est vne piece des armes de Monsieur le Preuost des Marchands, qui porte de gueules à l'Arbre d'or accollé d'vn serpent de Sinople & accosté de deux Estoiles d'or, la pointe de l'Escu chargée d'vn croissant d'argent.

La

La Palissade est faite en partie de pieces mises en bande, qui representent les bandes des armes de Monsieur Mazenod premier Escheuin, qui porte d'Azur a trois molettes d'or au chef d'argent chargé de trois bandes de gueules.

Le Chesne & le Lion sont les armes de Monsieur Rougier second Escheuin, qui porte de gueules au Chesne d'or soutenu d'vn Lion sur vne terrasse, & addextré d'vne estoile le tout d'or.

Vne partie de la Palissade est aussi faite de Pieux, & de pieces mises en cheuron, qui representent les armes de Monsieur Michel troisieme Escheuin, qui porte de gueules au cheuron d'or soutenu d'vn pal de mesme; au chef cousu d'Azur chargé de trois estoiles d'or.

La Tour est vne piece des armes de Monsieur Ferrus quatrieme Escheuin, qui porte d'Azur à la Tour d'argent esleuée sur vn rocher d'or, & surmontée d'vne croix de gueules accompagnée de deux branches mouuantes de ladite Tour, l'vne de Laurier, & l'autre de Palme, le tout d'or.

Les armes de Monseigneur le Marechal de Villeroy, qui sont d'azur au cheuron d'or accompagnées de trois croix ancrées de mesme sont sur la porte. Et la croix dont S. Michel estouffe le Dragon exprime fort bien les soins de Monseigneur l'Archeuesque a detourner les maux de la guerre ciuile, que les autres villes ont ressentis.

L'Epigramme temoigne l'obligation, que nous auons aux soins de ces incomparables Magistrats, & la deuise le dit assez en peu de mots au nom de cette ville.

Præsidys his tuta fui.

C ij

EPIGRAMME.

Num mirum est, totum furerent dum bella per orbem,
  Semper ego stabili pace quieta fruor?
Præsidiis his tuta fui : sique orbis habere
  Præsidium hoc poterit, tutus & orbis erit.

XIII.
L'AMOVR DES SCIENCES.

Ce dernier tableau est dedié a la ieunesse, que nous instruisons, & les Muses, qui connoissent les auantages qu'elles reçoiuent de la Paix en temoignent leurs reconoissances en cet Embleme, qui porte pour titre.

STVDIOSÆ IVVENTVTI
  Lugdunensi lauro deinceps Coronandæ.
AMOR STVDII
IN PACE VIGENS.

Ce tableau fait voir la façade du superbe hostel de Ville ou les neuf Muses sont placées en autant de Niches. Apollon est à l'entrée, & presente des couronnes de Lauriers, que les Muses ont tissuës, qui en tiennent aussi plusieurs dans leurs bras. Vne Dame assise sur vn Lion represente la ville, & rompt les branches d'vn Laurier demy ebranché dont elle fait des couronnes à la Ieunesse de Lion. On ne void au tour d'elle que des liures couronnez de Lauriers; & le Lion, qui semble estre attentif au son du Luth d'Apollon, repose sur des liures & en tient vn entre ses dents. Vne Bellonne desarmée considere auec des yeux d'ennie le nouuel vsage de ces Lauriers, & quitte sa couronne qu'elle est obligée de mettre sur vn liure. La deuise
explique

explique nettement, que le Laurier dont Apollon fut le premier inuenteur ne doit plus couronner, que ses nourrissons.

Iam Phœbo seruiet vni.
EPIGRAMME.
Mittere bella iuuat nullos habitura triumphos,
Quando triumphantes laurea nulla manet.
Sat tibi Mars laurus. Iam Phœbo seruiet vni.
Bella dehinc calamo, non placet ense geri.

ON expose encore quelques autres Emblemes tirez de l'histoire Sainte, ou de l'histoire Profane, qui n'ont qu'vne simple deuise, sans aucuns vers, qui les expliquent.

Le premier est l'histoire du festin de Balthasar tirée de la Prophetie de Daniel. On void vne main, qui ecrit d'vn doigt sur la muraille de la Sale ou disnent les grands de la Court auec Balthasar, & le mot de ce tableau est *Index est vindex.* Cette main, qui ecriuit la sentence de mort contre ce Roy Impie represente vne main plus fortunée, qui en signant le traité de Paix nous à deliurez de tous les maux que nous auions suiet de craindre. *Index est vindex.* Les trois mots qui furent ecrits par cette main fatale s'appliquent fort bien au suiet de la Paix, & nous pouuons dire, que celle qui l'a signée à supputé, & pesé les interests des deux couronnes & partagé leurs droits pour la restitution des places. *Mane Thecel. Phares.*

Le second tableau est l'histoire de Loth, qui sort de Sodome qui paroit toute embrasée, & la deuise est celle-cy. *Seruauit seruata fides.* Sa fidelité a executer les ordres de l'Ange le sauua, & la sincerité de l'Espagne a garder les articles du traité l'a deliurée de l'embrasement des guerres, qui la menaçoit de sa ruine.

Le troisieme represente sous l'histoire du Prophete Elisée, qui fit deuorer par des Ours les enfans, qui l'iniurioient, les peines que l'on commence à faire souffrir à l'heresie, qui manquoit de respet pour nos ceremonies : & la deuise du tableau conceüe en ces mots, *Penna Deo, fit pœna Reo*, apprend que la plume qui a signé le traité en defendant la cause de Dieu deuiendra le supplice des criminels.

Le quatrieme est de la prise de Ierico par Gedeon au son des Trompettes, & des pots cassez dans lesquels les soldats portoient du feu. auec cette deuise. *De Fractâ superest lux*. En fin les conferences acheuées ont enfanté des lumieres, qui nous rendét la serenité, & ce traité qui a esté si long temps secret à donné l'epouuante aux ennemis du nom Chrestien, quand ils en ont oüy la renommée representée par le son des Trompettes.

Le cinquieme represente sous l'histoire du Martyre des Machabées, la generosité de la Noblesse Françoise qui a donné son sang & sacrifié sa vie pour le repos de l'Estat, & pour maintenir la gloire & la reputation de sa Maiesté, les couronnes que des Anges tiennent en l'air sont les couronnes, que la gloire leur a tissuës & dont elle couronne à present leurs cendres, pour reconnoitre leurs seruices & se consoler de leur perte par cette espece de triomphe.

Le sixieme represente vn Prelat sur le trône, qui reçoit les hommages de la Force & de la Iustice. Le Rosne & la Saone representez dans vn coin du tableau

tableau auprés d'vn Autel montrent affez que ce Prelat eft Monfeigneur noftre Archeuefque, qui ioignant la qualité de Lieutenant de Roy à celle de Prince de l'Eglife reçoit les foumiffions des Magiftrats de cette ville defignez par ces deux vertus, dont ils maintiennent l'authorité. L'Autel eft l'Image de l'ancien autel d'Aifnay celebre dans les hiftoires Grecques & Romaines, nos deux riuieres s'vniffent en ce mefme lieu & reconnoiffent Monfeigneur l'Archeuefque fous les trois qualitez qu'il poffede d'Archeuefque, de Lieutenant de Roy, & d'Abbé d'Aifnay.

Le grand tableau du milieu eft l'hiftoire de Coriolan flechy par les larmes & les prieres de fa Mere & de fa femme. Ce braue Capitaine, qui rend les armes nous reprefente fa Maiefté à qui la Reine & l'Infante ont fait tomber les armes des mains en vn temps ou la Fortune & la Victoire fembloient eftre a fes gages.

Les Enigmes que l'on propofe font des tableaux dont le fens eft enueloppé de fymboles difficiles a debroüiller, & ces Peintures ont des fuiets particuliers, dont les Autheurs fe referuent la connoiffance. Il eft pourtant libre à chacun d'en entreprendre l'explication, & fouuant ces pieces font naiftre des difputes fçauantes, ou l'on a occafion de debiter les remarques les plus curieufes de la Critique, & de l'hiftoire Grecque & Latine. On en propofa l'année paffée vne fort belle de l'Iris fous l'hiftoire d'Efther profternée deuant Affuerus, qui reprefentoit le Soleil. Cette Reine eftoit courbée pour montrer que l'Arc-en-ciel eft fait en Arc, dont il a pris fon nom.

nom. Elle estoit vetuë des couleurs de ce Meteore, & le Sceptre dont Assuerus la touchoit representoit le Rayon du Soleil. Ainsi autre fois la fable des enfans de Niobe tués à coup de fleche par Apollon & par Diane representoient l'Eloquence & ses mouuemens eneruez par les pointes, qu'on a meslées dans les discours. Le Martyre des Machabées à representé les Heresies, dont l'Eglise a esté souuent deschirée. Ie reserue à vne autre fois vne iuste dissertation de la nature de l'Enigme, de ses especes differentes, de la maniere de les faire, & de la façon de les expliquer.

Il faudroit faire vn gros Volume, si ie voulois ramasser toutes les compositions Grecques, & Latines, en Prose & en Vers, qui seront affichées dans des Cartouches de fleurs, de guirlandes, de lauriers, de fruits, & de diuerses autres manieres. C'est là que l'Esprit à de quoy se satisfaire par la lecture des Odes, des Epigrammes, des Silues, des Poëmes, des Eloges, des Inscriptions, & de cent autres choses semblables.

L'ISLE

L'ISLE DE PAIX.

REPRESENTATION HEROIQVE.

Faite le 23. May, dans le College de la tres-sainte Trinité de la Compagnie de IESVS.

OVVERTVRE.

L'HYMEN, entre portant vn flambeau entouré d'oliue, & apres auoir fait le recit fait parétre la face du Theatre, qui represente l'Isle fortunée, à qui l'Alliance des deux Couronnes, donne le nom glorieux, d'ISLE DE PAIX. C'estoit à l'Amour, à faire la découuerte d'vn païs, qui auoit demeuré iusqu'à present inconnu, & qui sera doresnauant, plus celebre dans nos Annales, que sur la Carte. Les Rochers qui la flanquent, & le Ruisseau qui l'entoure, representent les Pyrenées, & la Riuiere de *Bidasso*.

Conduite de la Representation.

La Piéce est diuisée en cinq Parties; dont la 1. represente les Presages de la Paix.. La 2. les Mer-

D

ueilles de l'Isle de Paix. La 3. Les Empressemens des Dieux à trouuer cette Isle, dont les Oracles ont publié les merueilles, & à faire reüssir l'entreprise d'vnir les deux Couronnes. En la 4. Les Genies de Lyon, qui representent nos Magistrats ayant appris que la Paix habitoit en cette Isle éloignée, y vont pour luy offrir leur respects, & pour commencer à ioüir des auantages d'vn bien, qu'ils ont conserué durant les troubles du Royaume. La 5. est l'Alliance des deux Monarques.

PREMIERE PARTIE.

Des Presages de la Paix.

LEs Presages, qui font la premiere Partie, *sont representés par les Diuinitez du lieu; pource que cette Isle estant neutre, semble auoir esté l'Asyle de la Paix, durant les guerres des deux Roys; & que cette Paix, est vn Ouurage du Ciel.*

La Princesse Irene bannie du monde, reposoit dans l'Isle de Bidasso, qui luy seruoit de retraite; mais ayant esté éueillée par les premiers rayons du Soleil, elle se plaint à luy, d'auoir interrompu les douceurs de son sommeil, & renouuellé ses peines.

L'Echo du rocher voisin, répondant à ses plaintes l'exhorte à ne point sortir de son Isle, par autant d'oracles, qu'elle prononce de mots: luy predit qu'elle verra bien-tost à ses pieds, les deux plus grands Monarques du monde, se soûmettre à ses loix, & affermir la Paix qu'ils iureront en sa presence,

sence, par le plus heureux Mariage, qui fut iamais.

Mais Irene ne se fiant, ny aux illusions de son sommeil, ny aux promesses de l'Echo, se resout de sortir de cette Isle, pour s'aller presenter à d'autres peuples; quand elle est arrestée par le prodige du Pont, qui se leue de soy-mesme, pour luy oster le passage.

Elle est sur le point de gayer cette petite Riuiere, lors que le Dieu du fleuue se leue, & la coniure d'obeïr aux oracles qui luy promettent de si beaux auantages, en luy apprenant, que ce n'est pas l'Echo, mais vne diuinité, qui a respondu à ses plaintes, sous la voix de cette Nymphe.

La Deesse du lieu, voyant qu'Irene, a comme consenty à demeurer dans son Isle, luy vient faire compliment; & luy faisant excuse sur la petitesse du lieu, qui n'est pas digne de sa grandeur, la presse de s'y arrester, pour voir l'accomplissement du dessein des Dieux en sa faueur.

Cependant l'Amour Pacifique chassé par la Haine, se retire de desespoir; & ne voyant plus de lieu à la reünion des Peuples, se veut precipiter dans le fleuue; mais son flambeau que la Haine auoit esteint, touche à peine les eaux de cette Riuiere, qu'elles le r'allument. Ce prodige l'estonne.

Et le Fleuue se releuant de son lit, luy en explique la cause, en luy promettant vn sort plus heureux, que celuy dont il auoit ressenty les rigueurs, puis qu'il est venu dans vn lieu plein de merueilles, depuis qu'Irene s'y est retirée.

L'Amour qui s'est auancé dans l'Isle, à la sollici-

D ij

ration du Fleuve, entre dans vn estonnement beaucoup plus surprenant que le premier, lors qu'il trouue Iberie ou l'Infante retirée dans ce mesme lieu; & luy demandant la cause de sa retraite, apprend que c'est le desir de la Paix, qui luy a fait preferer ce petit coin de terre, aux Palais de son Pere ; & que depuis qu'il luy a inspiré l'amour de Francus, le plus grand Heros du monde, que les Dieux luy ont promis pour Espoux, si les deux Couronnes s'allioient par vn traitté de Paix, elle est venuë presser Irene, d'vnir ces deux Monarques diuisez par la guerre, & demeurer dans ce lieu neutre, comme son amour estoit balancé, entre les respects paternels, & l'affection qu'elle auoit conceuë pour ce Heros.

PREMIER INTERMEDE.
La Guerre desarmée.

La Guerre entre, armée de fer & de feu, pour entretenir le desordre du monde : Elle s'en croyoit desia la maistresse, quand l'Amour la desarme; & ayant ietté dans l'Isle, l'Epée, qu'il luy a ostée, il esteint dans les eaux de Bidasso, le flambeau qu'il luy arrache, & triomphe apres vne si belle victoire.

SECONDE PARTIE.
Les Merueilles de l'Isle de Paix.

FRANCVS, accompagné de quatre Seigneurs de sa Cour, vestus en chasseurs sur leurs habits de guerre, se repose du trauail de sa chasse, sur le bord
de

de la Riuiere de Bidaſſo.

Ayant ouy ſonner du cor dans cette Iſle, il depeche vn de ces Seigneurs, pour aller reconnoiſtre le lieu & la cauſe de ce bruit.

Celuy-cy eſtant de retour, l'informe des merueilles de l'Iſle, & particulierement d'vn prodige, dont les Chaſſeurs ont eſté les témoins; qui eſt, que pourſuiuans vn Renard, auſſi-toſt qu'il s'eſt ietté dans l'Iſle, il s'eſt metamorphoſé en Agneau.

Vn des Veneurs, apporte cet Agneau, & raconte toutes les circonſtances de cet euenement.

Vn Fauconier ſuruenant rapporte vn ſecond prodige, auſſi merueilleux que le premier; qui eſt, que ſon Oyſeau, en bourrant vne Perdris qui s'eſt iettée dans l'Iſle, s'eſt changé en Colombe, auſſi-toſt qu'il y eſt entré. Francus rauy de ces Merueilles, paſſe dans cette Iſle, pour eſtre luy meſme le teſmoin de ces prodiges: mais à peine y a-t-il mis le pied, qu'il ſent que ſon humeur guerriere s'adoucit, ce qui l'oblige à ſe retirer promptement, craignant que ce ne fuſt l'Iſle de la Volupté, dont il a toûjours fuy les charmes. Il y laiſſe neantmoins deux de ſa ſuite, pour tenir les auenues de ce lieu, qu'il n'a pas encor reconnu.

Ceux-cy trouuent ſur le riuage, deux lignes de peſcheurs, & les ayant priſes pour ſe diuertir, les iettent dans la riuiere, l'vn en tire vne bourſe pleine de pieces d'or, & l'autre vn poiſſon, portant ſur la hure, vn tour de perles.

Deux Eſpagnols, ayant apperçeu ces François dans l'Iſle, s'y iettent, pour les en chaſſer; & ils en venoient deſia aux mains, lors que tout à coup, ils s'embraffent, & deuiennent amys, fans reconnoitre la caufe de leur changement. Ils fortent aprés de l'Ifle, & leur fang s'echauffant de nouueau, ils veulent retirer leurs epées, qu'ils treuuent changées en fluttes.

Vn d'eux va prendre deux piftolets, & rentrant auec chaleur dans cette Ifle, les void auffi-toft changez en deux autres inftrumens.

D'autre part vn chef de l'armée Françoife, venant par ordre de Francus expliquer aux deux autres les volontez de fa Maiefté, les void qui embraffent les Efpagnols; & les croyant perfides à leur Prince, entre en cholere dans l'Ifle, pour les remettre dans leur deuoir: Mais auffi-toft fon epée fe change en inftrument de Mufique, & il fe met à chanter auec eux.

Deux autres Efpagnols, voyant la ioye de ces François, & de leur compagnons qui font auec eux, s'imaginent qu'on les à fait prifonniers, & qu'on les meine en triomphe: Ils entrent pour les recourre, & fe trouuans changés auffi bien qu'eux, ils fe mettent tous à danfer, & fe retirent chacun dans leur quartier.

SECOND INTERMEDE.

Les Genies de France & d'Efpagne, entrent ennemis, iufqu'à ce que celuy de la Paix les reconcilie.

TROI.

TROISIESME PARTIE.

Les Empreſſemens des Dieux, à faire reüſſir les Oracles de la Paix.

LEs Graces cherchent l'Iſle de Paix, ou elles ont appris, qu'Amour leur frere s'eſt retiré, & repoſent ſur la riue de Bidaſſo.

Ce Fleuue voyant des boüillons qui s'eſleuent ſur ſes eaux, ſort de ſon lit pour en connoitre la cauſe. Il voit que c'eſt l'approche des Graces qui leur cauſe ce mouuement & apprend à ces Deeſſes qu'elles ſont arriuées, au lieu qu'elles cherchent.

Elles trouuent à l'entrée de l'Iſle, l'Amour, qui ſe reſioüiſſant de leur venüe, les prie de contribuer de leur ſoins, à parer Iberie, pour la rendre plus charmante & plus agreable à Francus, à qui il la deſtine pour Epouſe; & commande au Fleuue, de fermer l'entrée de l'Iſle, à tout ce qui pourroit en troubler la Paix.

Ce commandement donne de la vanité à Bidaſſo, qui s'eſtime dés la, vn des plus celebres Fleuues de l'Europe. Il en alloit donner de la ialouſie, à tous les Dieux des eaux voiſines, quand la Diſcorde paroit, & l'oblige à ſe retirer ſous ſes ondes, pour n'eſtre pas infecté de ſes regards.

Ce monſtre enflé du ſuccez de ſes entrepriſes, qui ont deſuny tous les peuples, ſe reſout d'acheuer tous ſes deſſeins, pour empeſcher que les Genies des deux Royaumes, n'entrent en conferance pour noüer vn traitté de Paix, & conclurre le Mariage de

D iiij

Francus & d'Iberie. Pour mieux venir à bout de son entreprise, elle se deguise sous la figure d'vne Deesse.

Le Genie de France vient au lieu assigné pour la conference, lors qu'il est aresté par la Discorde traueſtie, qui l'ayant interrogé de la cause de son voyage, luy dissuade l'entreueüe, en luy disant qu'il n'est pas honorable au Victorieux, d'aller chercher le vaincu. Ce Genie se laisse persuader, & retourne sur ses pas.

La Discorde en triomphe, quand le Genie des Espagnes, vient d'autre part au lieu assigné, & le laisse aussi gagner à cette furie sur la flaterie de l'estenduë de ses pays, qui sont plus considerables, que ceux de France.

Ce nouueau succez donne courage à la Discorde de poursuiure, ce qu'elle n'a que commencé. Cependant le Genie François, impatient de voir son voyage inutile, sur vne pretention d'honneur, retourne à dessein de sacrifier ses interests au repos des peuples, estimant qu'il est auantageux au Victorieux de presenter la Paix, qu'il peut donner. La Discorde qui vouloit acheuer son coup, voyant ses fourberies eludées, dresse vne nouuelle batterie, & pour le detourner plus efficacement de son dessein, elle luy dit qu'elle est allée elle mesme solliciter le Genie Espagnol, de tendre à son Victorieux, la deference que le sort des armes exige de luy; mais que bien loin d'y vouloir consentir, il pretend, que c'est à luy de receuoir les premieres ciuilitez; qu'il s'est retiré auec vn esprit aigry, & disposé à la vengeance, qu'elle luy conseille de ne rien hazarder, en vne

occasion

occasion dangereuse, & qu'il doit attendre vn moment à couuert, les approches de son Riual, dont il decouurira bien tost les desseins.

Elle arreste aussi d'autre part le Genie Espagnol que la necessité de la Paix obligeoit de retourner, & luy conseille de se tenir sur la defensiue, pour parer aux coups de son ennemy qui est en embuscade dans vn lieu voisin.

Le Genie François resolu de terminer le dessein qu'il a proietté, sort du lieu de sa retraite: & voyant l'Espagnol qui l'attent les armes en main, commence à se defier de luy, & se met en estat de combattre.

L'Amour suruient, & voyant que son proiet a presque esté renuersé par la Discorde, la demasque, & la met en fuitte : Il arreste en suite les combattans, & les ayant tancé, d'auoir pris si facilement querelle, les exhorte à la Paix, & depeche l'vn vers Francus, & l'autre vers Iberie, pour leur inspirer vn amour mutuel.

Le Genie Espagnol, à qui l'Amour a commandé de se rendre maitre du cœur de Francus, luy demande vne de ses fleches pour en venir plus facilement à bout, & pendant qu'il s'exerce à faire son coup, & qu'il espere vn heureux succez de son entreprise.

Le Genie de France depeché vers Iberie, ne demande plus d'autres armes pour triompher du cœur de son Monarque, que le portrait de la Princesse, dont les seuls charmes sont capables de triompher. Les Graces qui auoient eu soin de la parer, retournent, & c'est sur leurs traits, qu'il acheue luy mesme

D iiij

l'ebauche qu'il en auoit faite, à la premiere veüe d'Iberie.

TROISIESME INTERMEDE.
L'Herefie abbatuë.

L'Herefie veſtuë de noir, ſous vne Gaze claire d'argent, & maſquée derriere la teſte, pour ſignifier ſes fauſſes maximes, coiffée d'vne teſte de Hibou, & de quantité de bouts de plumes noires & rouges, qui monſtrent ſon aueuglement, ſon inconſtance & ſon amour pour le ſang, entre malade & deſolée, à cauſe des maux qu'elle preuoit, que la Paix luy doit apporter. Geneue & Orange viennent pour la ſoulager. L'vne la ſoutient, & l'autre la fait reuenir de ſa foibleſſe, par l'odeur de ſon Orange. Ce ſoulagement luy redonne vn peu de vigueur, quand le Genie de France, qui repreſente ſa Maieſté, luy arrache l'Orange, & l'ayant mis au bout de ſon epée, menace l'Hereſie de ſa derniere ruine.

QVATRIESME PARTIE.
Les reſpects des Genies de Lyon, à Irene.

LVgdus, qui repreſente Monſeigneur le Mareſchal de Villeroy noſtre Gouuerneur, enuoyé par Francus, pour aller reconnoitre l'Iſle de Paix, eſt eſtonné du grand ſilence de cette Iſle, lors qu'il entend vne voix, qui l'endort doucement, tandis qu'vne main inuiſible, luy met au col, l'Image d'Iberie, attachée à vn cordon bleu, qui luy eſt vn
preſage

présage du Collier, dont il a le breuet.

Vn Seigneur Espagnol s'approchant de l'Isle, est arresté par vn soldat François, qui le depoüille, & s'estant reuestu de ses habits, imite sa grauité de marcher, lors que deux autres François suruiennent, & le prenant pour Espagnol, l'arrestent aussi. D'ailleurs, deux Espagnols se saisissent de leur Chef, vestu des habits du François, l'echange que l'on veut faire de ces deux prisonniers, les met egalement en peine, l'vn protestant qu'il est François, l'autre, qu'il est Espagnol, & qu'il n'est pas de condition à estre échangé, pour vn simple soldat, & pour passer dans les mains des ennemis.

Le bruit qu'ils font, ayant eueillé Lugdus, il se leue, & s'approchant d'eux, ils sont aussi tot mis en fuite.

Ce prodige l'etonne, quand il voit le present qu'il a receu, durant son sommeil, qu'il reconnoit en estre la cause, & considerant que c'est le portrait d'Irene, il admire son bon-heur, qui l'ayant fait Gouuerneur de sa Maiesté, pour luy donner les premieres impressions des Heros, luy fait heureusement tomber entre les mains le portrait de la Paix, pour en inspirer les sentimens à ce Monarque.

Les Soldats Espagnols, esperās de faire vne bóne prise, s'ils l'arrestoient, courent sur luy, quand la veüe de cette Image les remet de nouueau en fuite.

Cependant les Magistrats de Lyon representés par des Genies, viennent offrir leur presens à Irene, Deesse de Paix, & reconnoissent leur Gouuerneur, dont ils reçoiuent des caresses. Aprés qu'il luy ont rendu leur respects, il leur montre l'Image

de

de la Deesse qu'ils cherchent.

Et tandis qu'ils s'arrestent à la considerer, elle paroit elle mesme, les remercie des soins obligeans, qu'ils ont eus, de la faire regner dans leur Ville, pendāt qu'elle estoit bannie de tant d'autres: Et prenant leurs blasons, qu'ils portent sur des boucliers, les attache aux arbres de l'Isle, où elle les introduit en leur promettant que ces glorieuses marques d'honneur, feront eternellement les plus beaux trophées de la paix, & serüiront d'exemple à la posterité.

QVATRIESME INTERMEDE.

Le Laurier, & l'Oliuier, voulant auoir part à la ioye publique, renouuellent les miracles du siecle d'Orphée, & détachans leur racines, se meuuent en cadance, en sortant hors de l'Isle. Le Laurier tout ébranché qu'il est, s'estime glorieux d'auoir serui long-temps à faire des Couronnes à sa Majesté, tandis que l'Oliuier espere de les faire doresnauant.

CINQVIESME PARTIE.

L'Alliance des deux Couronnes.

VN Chef François ayant appris, que Francus desiroit entrer dans l'Isle, commet à deux Soldats la garde du Pont. Cependant l'Enuoyé d'Ibere passe pour porter des lettres a Francus, de la part de son Maistre.

Ibere vient luy mesme accompagné de quelques
Soldats,

Soldats, voir l'Isle, dont il auoit appris, que les François s'estoient saisis, iurant qu'il en tirera vengeance, il apprend par le retour de son Enuoyé, que Francus s'est moqué des lettres de menace qu'il luy auoit écrites.

Il reçoit à mesme temps vn autre Enuoyé, qui luy vient presenter le combat, de la part de Francus.

Peu de temps apres, Francus arriue pour le combat, suiuy seulement de quatre Soldats, pour ne pas exceder le nombre de ceux qu'Ibere auoit auec luy. Ils choisissent l'Isle pour ce Duel, qu'ils font commencer par deux Seigneurs de leur suite: qui à peine sont entrés dans l'Isle, que bien loin de se battre, ils s'embrassent, & voient leur espées changées en branches d'Oliuier.

Les Roys étonnés de ce changement & de ceste reconciliation si subite, entrent eux mesmes dans l'Isle, lors qu'Irene ayant ouy du bruit, sort de sa retraite. Francus & Ibere rauis de sa charmante beauté la saluent & la complimentent, & l'ayant reconnüe s'offrent à deuenir amys, aux conditions qu'elle voudra.

Irene confere auec Ibere en particulier, l'exhorte à faire vne bonne paix, & de l'affermir par vne alliance, & luy remontre que son interest le doit obliger, à ne point rejetter ses aduis: Ibere les écoute volontiers, & donne son consentement.

L'Amour, voyant qu'il estoit temps de faire reüssir son dessein, apres s'estre iustifié auprés d'Ibere, de l'Inclination qu'il auoit donné à Iberie, sa fille, pour Francus, & de l'auoir sollicitée à quitter sa Cour, & à se retirer en cette Isle; va la querir & l'amene mène luy mesme à son Pere, se presentant pour estre l'entremetteur de cette alliance.

Francus cependant est dans l'impatience ; il la tesmoigne par vn Enuoyé. Irene prie Ibere de se retirer auec sa suite.

Elle traite auec Francus de son Mariage auec Iberie ; dont le Portrait, qui luy est presenté par vn des Seigneurs qui l'accompagnent, allume dans son cœur vn ardent desir de la voir.

Elle vient, precedée de l'Amour & des deux Genies de France & d'Espagne, suiuie des Graces, & accompagnée d'Ibere & de quelques Seigneurs Espagnols; Irene la presente a Fracus & fait elle mesme l'alliance ? Les deux Princes luy offrent de la mener en triomphe dans leurs estats, en recounoissance de ceste vnion, mais elle les prie de consentir, qu'elle demeure dãs cette Isle, pour seruir de nœud aux deux Royaumes, & les conjure de souffrir qu'on l'appelle doresnauant *l'Isle de Paix*, & d'y bastir vn Temple à la Reyne du Ciel, ou les suiets de l'vn & de l'autre, puissent venir rendre leurs respects. Ils promettent l'vn & l'autre, & pendant qu'ils se separent, & qu'ils se retirent, chacun dans leur Estats, les Graces, & les Amours celebrent la feste de ceste alliance.

Conclusion de la Piece.

La Paix pour tesmoigner la ioye qu'elle reçoit, de se voir rétablie, aprés de si longues guerres, danse auec les quatre Parties du monde, pour representer le commerce rétably.

L'ANT/

AVX LECTEVRS.

L'ANTIQVITÉ qui a reglé tous les Arts, & toutes les Ceremonies publiques, ne nous a rien laissé qui nous pût seruir d'instruction pour la conduite des Feux de Ioye. Il nous reste de beaux monumens de ses réjoüissances dans les reuers des Medailles, dans la description des Sacrifices, & sur les ruines des Arcs de Triomphe & des Amphitheatres; mais nous ne lisons pas qu'elle ayt fait beaucoup de ces Feux. Peut-estre parce qu'elle adoroit cét Element, qu'elle s'en seruoit aux Ceremonies sacrées & dans les funerailles, & qu'elle ne le vouloit pas employer à des vsages Profanes. En effet, elle estoit superbe à dresser les Buchers des Empereurs, où elle employoit des bois odoriférans, des draps d'or & de soye, & les dépoüilles les plus precieuses des Ennemis. Elle auoit aussi vn soin particulier de conseruer cette Diuinité, & les filles consacroient leur virginité à son culte, & leurs seruices à son entretien. Mais depuis que la Religion Chrestienne eut banny la superstition, & qu'elle eut aboly les Apotheoses, elle fit seruir à la Ioye publique ce qui ne seruoit autrefois qu'aux Pompes funebres, & aux Sacrifices. Les feux qu'elle alluma pour brûler les Idoles, & les Temples de ces fausses Diuinitez, furent des feux agreables aux yeux des premiers Chrestiens ; & pour en redoubler le plaisir, on en refit souuent les images & les representations, pour exciter le zele de ces nouueaux Conuertis à effacer entierement la memoire de ces Monstres. Nous en auons vn illustre exemple dans les paroles de Saint Remy à Clouis en la ceremonie de son Baptesme, quand il luy dit : Mitis depone colla Sicamber, Adora quod incendisti, & incende quod adorasti. Adore ce que tu as brûlé ; & brûle ce que tu as adoré. On a depuis retenu cette coûtume d'allumer des feux dans toutes les Ioyes

publi

Greg.
Turon.
l.2.c.31.

Aux Lecteurs.

publiques, & de les accompagner de diuerses sortes d'Artifices, qui ne sont en usage
que dépuis l'inuention de la poudre.

Les grandes incongruitez qu'on y void
commettre tous les iours, ont fait souhaiter à quelques-vns d'en auoir des Regles
qui pûssent leur seruir d'idée ; & pour
satisfaire à leur desir, i'en ay tracé icy vn
petit discours en forme d'aduis, qui pourra,
peut-estre, seruir à ceux qui ne veulent
rien entreprendre qui ne soit reglé &
bien concerté.

ADVIS NECESSAIRES
pour la Conduite des Feux d'Artifice.

LA Ioye n'est pas seulement magnifique dans ses profusions, elle y paroît ingenieuse; & quelque empressée qu'elle soit dans ses saillies, elle n'est iamais déreglée. Il y a de la bien-seance dans ses mouuemens, & son luxe attache autant l'esprit, que les mains de ceux qui le seruent. En épanoüissant le Cœur, elle donne passage aux estincelles du sang, qui seruent à la formation des belles Idées; & le Feu qu'elle allume, ne passe pas seulement dans les yeux pour les rendre plus vifs; il donne encore de la vigueur à l'imagination, & semble la rendre feconde. Elle a cela de commun auec l'Amour, qu'elle prend toute sorte de formes; mais elle a cét auantage sur elle, qu'elle ne descend iamais de son rang, & qu'elle ne s'abbaisse point au dessous de sa condition pour venir à bout de ses desseins. Elle ne fait rien qui soit indigne de sa naissance, & aucune des passions n'approche plus de la raison, que celle-cy; puis que le Ris qu'elle exprime, nous fait connoistre raisonnables,

tandis

tandis que l'Amour change les Heros en Esclaues, les Dieux en Bestes, & les Souuerains en Sujets. Les Triomphes & les Spectacles qui firent Rome la merueille du monde, estoient de son inuention ; & les Ieux publics du Cirque & de l'Amphitheatre, qui attirerent dans l'Italie tous les peuples ciuilisez, furent les effets de son luxe. Elle a mesme trouué le moyen de changer les douleurs en plaisirs ; & les larmes qu'on verse à la veüe des Illustres malheureux, qu'elle fait plaindre sur nos Theatres, sont les aimables prestiges dont elle diuertit les Conquerans apres les trauaux de la Guerre, & les fatigues de la Campagne.

C'est elle qui preside à toutes les ceremonies publiques, elle en fait la magnificence, elle en regle la conduite ; & la majesté qui l'accompagne dans ces actions de pompe, luy laisse la meilleure part de leur succez. Elle se sert de diuers Artifices pour s'insinuër dans les esprits, & renuerse souuent l'ordre de la nature en faisant nager des Oyseaux, voler des Poissons, & danser des montagnes & des rochers. Il n'est point de Monstre qu'elle n'imite, point d'animaux qu'elle ne represente, ny rien d'extraordinaire qu'elle n'entreprenne. Elle est neantmoins plus heureuse à se seruir du Feu que du reste des Elemens ; & c'est la cause pourquoy elle a coustume de l'employer dans toutes les Festes publiques. Elle l'allume au milieu des tenebres de la nuit pour en rendre l'éclat plus sensible. Les yeux qui ne sont diuertis par aucun autre objet que celuy-cy, s'y arrestent sans peine ; & les diuerses formes des Artifices qui le composent, font vne agreable confusion de lumieres diuersement distribuées, qui ne plaisent pas moins qu'elles éblouïssent.

Aussi ces Machines ne doiuent iamais estre de simples Buchers, où l'on ne voye que des fagots entassez, des Marmosets placez sans dessein, & vn nombre de fusées, qui ne laissent que de la fumée apres auoir fait vn peu de bruit. Il faut que la montre en soit ingenieuse, & que l'esprit se retire de ces spectacles aussi satisfait que les yeux. C'est pour ce sujet qu'on en donne la conduite à des Ingenieurs ; & si on les appelle Feux d'Artifice, il faut que ce nom ne conuienne pas moins au dessein & au corps de la Machine, qu'à la décharge des pots à feu & des fusées. On le pratique ainsi dans toute l'Italie, & l'on a vû dans Paris de ces representations ingenieuses, qui ont rauy toute la Cour, & qui ont fait dire aux Estrangers, que la France ne cede en rien à l'addresse des autres Nations.

Il y a trois choses à considerer dans la conduite de ces Feux : LE SVIET, L'ARTIFICE, ET LES ORNEMENS.

LE SVIET peut estre *Historique, fabuleux, emblematique, naturel, ou meslé*; c'est à dire, qu'on le peut tirer de l'Histoire, ou de la Fable; des choses naturelles ou artificielles; ou l'inuenter à la maniere des Emblemes & des Fables du Poëme Epique, qui sont de la creation de l'Autheur. Le meslé embrasse les beautez de toutes ces especes, & en fait vn seul composé. Mais à quelque espece que l'on s'attache, il faut necessairement l'accommoder *à l'occasion de la Réjouissance, à la nature du Feu, au lieu où il se fait; & aux Personnes pour qui on le fait.*

L'Occasion est ordinairement vne Victoire, la Naissance d'vn Prince, sa Majorité, son Mariage, ses Alliances, sa Guerison, ou quelque auguste ceremonie; comme le Sacre des Rois & des Prelats, l'aduenement des Souuerains à la Couronne, leurs entrées dans les villes de leurs Royaumes, la Canonization des Saints, ou la celebrité de leurs Festes.

Ces diuerses occasions demandent des sujets bien differens. On peut prendre pour vne victoire les Triomphes des Empereurs, les Nations subjuguées, & les Batailles gagnées. C'est ainsi que les exploits de nos Monarques sont representez par le succez des Armes glorieuses des Cesars & des Scipions. La naissance d'Hercule, & celle d'Alexandre seroient des sujets propres de la naissance des Princes. Celle de cét Empereur eût merueilleusement bien representé la naissance de Sa Majesté, pource que les Aigles qui parurent sur le Palais où Olympias accoucha, auroient esté le symbole des victoires de l'Allemagne, dont les Aigles vaincuës firent la pompe du berceau de nostre Monarque ; & le Temple de Diane, qui brûla la nuit de la naissance de cét Heros, tandis que la Deesse estoit occupée à le receuoir, & à seruir Olympias, seroit accommodé à la nature du feu.

Au Sacre des Rois & des Prelats on peut representer les ceremonies dont les Payens vsoient en la consecration de leurs Empereurs & de leurs Pontifes. On pourroit de méme choisir pour la creation des Magistrats les ceremonies de l'Areopage & du Champ de Mars, où les Grecs & les Romains faisoient leurs assemblées pour de semblables élections. Le Triomphe de Ciceron apres les conspirations découuertes, & les autres exemples de la vertu & de la generosité des Consuls, seroient des sujets auantageux.

Aux Canonizations des Saints, & à la celebrité de leurs Festes, on pourroit s'attacher aux Apotheoses des Empereurs, aux consecrations des Dieux, & aux ceremonies des Festes Grecques & Romaines.

Diuers Exemples des sujets Historiques.

Pour vne Victoire.

ACchille & Vlysse mettans le feu à la Ville de Troye. ^{Hom Ilias.}

Le jeune Annibal iurant la ruine de Rome sur les Autels. ^{Hist. Rom.}

Carthage brûlée par Scipion.

Le Consul victorieux, sacrifiant à Iupiter, Iunon & Mars, à la porte de la Ville auant qu'y entrer en Triomphe.

Si c'est sous la Regence d'vne Reyne que la victoire ayt esté remportée, il faut representer Semiramis victorieuse des Bactriens.

Tomyris victorieuse de Cyrus.

Le combat des Amazonnes, &c.

Si c'est la premiere victoire remportée apres la declaration de la Guerre, on pourroit representer la Colomne Bellique dressée à Rome deuant le Temple de Bellonne, d'où l'on lançoit vn dard contre le Pays à qui l'on vouloit faire la Guerre.

Pour la Naissance d'vn Prince.

Le Laurier, qui nasquit le mesme iour qu'Auguste, dont les Empereurs se Couronnerent toûjours depuis. Ce Laurier seroit le presage des victoires du Prince naissant.

La naissance d'Achille, & son education sous le Centaure Chiron, qui luy apprit les premiers exercices, & le nourrit de la moëlle des Lions pour le rendre plus robuste, & plus genereux.

Pour sa Majorité.

Iustinus. Cyrus reconnu & declaré Empereur.

Paul. Æmil. Pharamond éleué sur vn Bouclier, & honoré de toute l'Armée.

Quint. Curt. Alexandre receuant les Ambassadeurs de diuerses Nations qui luy estoient sujettes.

Diod. Sicul. Ninias prenant possession de son Royaume, que sa Mere auoit tenu pour luy.

Pour le Couronnement d'vn Prince.

L'euenement de l'Empereur Iulien, qui entrant dans vne Ville, receut heureusement sur la teste vne Couronne qui pendoit sur la porte, & qui luy seruoit d'ornement. Cét euenement fut pris de tout le monde pour vn augure de l'Empire. Eutrope l'a décrit en son Histoire, liu. 11. chap. 1. *Cum Iulianus circiter annum vigesimum, Domini verò 360. esset Cæsar creatus in expeditione aduersus Barbaros in quamdam ingressus Ciuitatem, Corona laurea quibus solent ciuitates ornari inter columnas pendens rupto fune super caput eius decidit,*

dit, eúmque aptiſſimè coronauit. Cuncti clamore ſuo Imperij id ſignum interpretati ſunt.

Pour vne action de Pieté & de reconnoiſ-
ſance enuers Dieu pour quelque bien-
fait obtenu, ou pour vne Victoire.

Romulus conſacrant les depoüilles à Iupiter Feretrien.

Alexandre donnant de l'Encens aux Dieux auec profuſion.

Pour les Alliances & pour la Paix.

L'Alliance de Romulus & de Tatius, Hiſt.
La Conſecration du Temple de la Paix par Rom.
l'Empereur Veſpaſien. Suet. in
  Veſp.
La publication de la Paix faite dans la Plutarc.
Ville de Corinthe apres que l'Eloquent Flami- in Fla-
nius eut fait tomber les armes des mains des minio.
Citoyens. Le ſon des Trompettes ayant fait faire ſilence au Heraut qui annonça la Paix, tout le peuple repeta tant de fois ce beau nom, & à ſi haute voix, que les Oyſeaux eſtonnez en tomberent en plein Theatre, au rapport de Plutarque, dans l'eloge de Flaminius.

Pour le Sacre d'vn Roy & d'vn Prelat.

L'Inauguration de Dauid & de Salomon Lib.Reg. pour repreſenter le Sacre d'vn Roy.

Celle d'Aaron pour vn Prelat.

Ceſar

Cefar éleué à la dignité d'Augure & de Pontife, & Sacré auec toutes les ceremonies ordinaires à ces actions solemnelles.

Pour la Creation des Magistrats.

Hist. Rom.
Quintius tiré du repos de la campagne pour estre fait Dictateur.

Curce & Dece, qui se deuoüent aux Dieux, & s'immolent pour le bien public.

Xiphilin. in Trajano.
Le songe de Trajan, qui vid en dormant l'Image d'vn venerable Vieillard, Couronné des rayons du Soleil, qui luy appliquoit vn sceau sur le gozier. Cette Image representoit le Senat qu'on peignoit ainsi; & ce sceau mis sur le gozier, signifioit qu'il seroit l'Oracle des Loix.

Pour l'Entrée d'vn Prince dans vne Ville.

Si c'est apres vne bataille gagnée, l'entrée de Cesar dans Rome, apres auoir vaincu Pompée dans les champs de Pharsale.

Scipion victorieux de Carthage entrant dans la mesme Ville.

Sabellic. lib. 7. Enead. 4.
A l'entrée du Roy en ceste Ville apres les trauaux d'vne longue & fâcheuse Campagne, où il auoit esté atteint d'vne dangereuse maladie; on eût pû representer l'Histoire de l'Indien Sandrocote, qui vid en songe vn grand & genereux Lion qui luy leschoit la sueur du front.

Pour la Canonization d'vn Saint.

Elie enleué dans le Ciel dans vn Chariot de feu. Ce transport est le vray symbole de l'Apotheose d'vne Ame sainte. ^{Lib.Reg.}

Pour la veille des Festes des Saints.

Pour sainte Catherine, les Anges qui enleuent son Corps, & qui luy font vn tombeau.

Pour toute sorte de Saints, la Colomne de feu, qui seruoit de guide au peuple d'Israël durant la nuit : Pource que les Saints font le mesme effet par l'exemple de leurs Vertus, qui nous seruent de guides.

Pour la Resurrection de Nostre Seigneur, on representa à Rome le Sepulchre, d'où sortit quantité de feux ; & l'Image de Nostre Seigneur, qui s'éleua par Artifice au dessus de la Machine.

Le feu d'Artifice du Quartier de ruë Merciere estoit tiré de l'Histoire.

LA FABLE fournit des sujets plus agreables que l'Histoire, pource qu'elle reçoit plus de formes, & qu'elle fait des miracles qui passent les forces de la Nature. Les changemens des Dieux, & les actions extraordinaires que le mensonge leur attribuë, donnent plus dans les yeux que les Combats les plus celebres. La Theogonie d'Hesiode, les Metamorphoses d'Ouide, les Tableaux de Philostrate, & generalement tous les Poëtes ; fournissent d'excellentes inuentions en ce genre.

La Fable de l'Hydre terrassée par Hercule estoit vn sujet propre pour la cessation des guerres ciuiles à la Majorité du Roy. Le Lion vaincu par cét Heros qui en porta toûjours la dépoüille, pouuoit representer les Victoires remportées en Flandres.

Quand on auroit fait leuer le siege d'vne Ville Maritime, on pourroit prendre la Fable d'Andromede déliurée par Persée, qui seroit l'Image du Liberateur.

Pour vne Ligue, on pourroit dresser l'Autel sur lequel les Dieux iurerent autrefois la Guerre contre les Titans, & qui fait à present vne constellation dans le Ciel.

Pour la Paix, on leur feroit quitter les Armes sur ce mesme Autel, où Iupiter deposeroit sa Foudre, Mars son Espée, Minerue sa Lance, Saturne sa Faux, tandis que Mercure feroit l'Office de Heraut, auec son Caducée.

L'Apotheose d'Hercule pourroit seruir à representer celle des Saints, son Bucher seroit le symbole de la Charité ardente qui les a consumez, & son entrée dans le Ciel seroit vn illustre Embleme de leur Triomphe; comme vn Escriuain Italien en a fait l'Embleme de l'Ame, qui se separe du corps corruptible pour se rejoindre à son Principe. Et l'a accompagné de ce vers pour deuise :

Arso il mortal al Ciel andra l'Eterno.

Pour vne Victoire Nauale, le Vaisseau des Argonautes mis dans le Ciel.

Pour

des Feux d'Artifice. 15

Pour vne Victoire remportée sur des Rebelles, les Geants foudroyez par Iupiter.

Pour la naissance d'vn Prince, la naissance de Mercure, emmailloté par les Saisons sur le Mont Olympe. Philostrate en a fait vn de ses Tableaux.

On peut aussi prendre les naissances des autres Dieux, ou les presages qui les precederent, & que la Fable a inuentez.

A la Naissance de Madame de Sauoye, fille de France, on representa à la Cour la naissance de Minerue, qui fut vn heureux augure de la generosité & de la sagesse de cette Heroïne, qui est la merueille de son siecle.

Pour la Paix, Mars enchaisné par Vulcan, qui estant le Dieu du feu, representeroit en general les feux de Ioye faits pour la Paix.

Ganymede porté dans le Ciel par vn Aigle, pourroit representer l'Apotheose d'vn Saint, qui seroit mort jeune.

Le Rameau d'or donné à Enée par la Sybille, seroit vn presage de Victoire.

Apres vne Guerre Ciuile, les Cyclopes, qui forgent des foudres à Iupiter.

Les Nopces de Iupiter & de Iunon : de Pelée & de Thetis, pour vn Mariage.

Pour vne Victoire, le Combat des Centaures & des Lapithes: Les trauaux d'Hercule, & le Triomphe de Mars.

Le dessein du Feu d'Artifice dressé dans le Quartier de Monsieur le Preuost des Marchands, & celuy du Quartier saint Pierre,

estoient

estoient les deux seuls tirez de la Fable en nos dernieres réjouïssances de la Paix. Celuy de Iason allant à la Conqueste de la Toison d'or, dressé à l'entrée de Sa Majesté, en estoit aussi tiré.

A la Canonization d'vn Saint, on pourroit representer l'entrée glorieuse d'Hercule dans le Ciel, par la voye de Laict, apres les penibles trauaux qu'il eut essuyez ; & l'on pourroit representer apres luy des Genies, chargez des dépoüilles qu'il auoit remportées, qui les placeroient dans le Ciel pour seruir de Constellations. Ce seroit la marque des bonnes œuures d'vn Saint, qui n'a trauaillé que pour le Ciel.

LE SVIET Emblematique est le plus ingenieux, pource qu'il est de l'inuention de l'Ouurier, qui est createur de sa matiere, à la façon des Poëtes ; & qu'il n'est pas vne simple application d'vne chose faite, comme sont les sujets que l'on tire de l'Histoire & de la Fable. Ce qui le rend ingenieux, c'est que l'Inuenteur donne vn estre sensible à des choses qui n'en ont qu'vn moral ; & qu'il fait voir les Arts, les Sciences, les Vertus, les Vices, &c. auec des symboles qui en expliquent la nature. Celuy que l'on prit en ceste Ville la veille de la Feste de S. Iean Baptiste, à l'occasion de la Tréve, estoit emblematique. Il representoit vn Lion entre la crainte & l'esperance de la Paix que l'on traitoit, tandis que Mars & Bellonne

Bellonne eſtoient negligemment couchez ſur des Armes renuerſées. On pourroit au ſujet de la Paix repreſenter ſon Alliance auec la Iuſtice, tandis que l'Amour & l'Himenée attacheroient aux furies leurs flambeaux, & en brûleroient des Armes entaſſées.

Pour vne Victoire, on la pourroit repreſenter qui tiendroit la Fortune enchaiſnée.

Les Funerailles de Mars pour la Paix.

Le Baiſer de la Paix & de la Iuſtice, pour le meſme ſujet.

L'Hymen qui deſarme Mars, & qui le lie auec des guirlandes de Roſes, pour la Paix cauſée par vn Mariage.

Les deſſeins des Feux de la Place S. Iean, du Quartier des trois Maries, & de ceux de la Boucherie S. Paul, de la Iuifverie, de la ruë de Flandres, de la Fontaine S. Marcel, de la ruë de la Lanterne, du Plaſtre, de la Grenette, de Confort, de l'Hoſpital, &c. eſtoient des deſſeins emblématiques.

Les Poëtes ſont les Autheurs qu'il faut conſulter pour ces inuentions, auſſi bien que les Emblemes d'Alciat, de Bochius, de Coſtalius, de Gomberuille, la Cité du vray de Delbene, &c. ce ſont les modelles qu'on ſe peut propoſer; mais il faut que l'eſprit & l'imagination ſoient les Inuenteurs de la piece.

L'Art des Emblemes que ie donne ſeparément, ſeruira d'Idée à la conduite de ces deſſeins.

LE Sviet naturel est plus simple, & n'est que la representation d'vne chose naturelle ou artificielle. Comme seroit vn Phœnix sur son bucher, vne Salemandre dans les flâmes; vn Portique, vne Pyramide, vn Obelisque ou vn Arc de Triomphe.

Apres vne Victoire Nauale, on pourroit dresser la Colomne que les Romains appelloient *Rostrata*, à cause des prouës des Vaisseaux qu'on y voyoit attachez, telle qu'elle est representée dans vn reuers de Medaille.

LE Mesle' est composé de tous les autres. Il peut estre pris de l'Histoire ou de la Fable, & representer vn Temple, vn Palais, ou quelque autre lieu semblable où la chose se seroit passée. L'on y peut ajoûter des Emblemes & des Deuises pour Ornemens; des Personnages Chimeriques, & des Moraux, sous des figures inuentées. Le sujet que cette Ville a choisi à l'occasion de la Paix est de ce genre; car le Temple de Ianus fermé par Auguste, est vn poinct d'Histoire; Mercure & Ianus sont tirez de la Fable. Les Mois, les Signes, les Saisons, les Graces, & Amalthée, sont de ces Estres Moraux que les Emblemes rendent sensibles; & le Temple est vne chose artificielle.

Il faut autant que l'on peut s'attacher à la nature du feu dans le chois de ces desseins & prendre des sujets qui luy soient propres, ou

du

du moins, qui ne luy soient pas contraires. Comme seroit vn naufrage, des Fontaines ou des Riuieres; car ce seroit brûler l'Eau. Scæuola qui brûle sa main, l'Incendie de Troye; Medée qui s'enuole dans vn Char de feu, le Mont Etna ou le Vesuve; la Fournaise de Vulcan; la Salemandre, & les semblables sont les plus naturels.

LE LIEV est la troisiéme chose qu'il faut considerer pour luy approprier le sujet. J'entens par le lieu la Ville qui fait le feu, & l'endroit de la Ville où il se fait.

Pour le premier, il faut auoir égard aux singularitez de la Ville ou de la Prouince, & prendre vn sujet dans leurs Annales quand elles en fournissent de propres. Comme le Vaisseau des Argonautes seroit vn sujet fort propre pour la Ville de Paris à cause de ses Armes, & de la Fable qui fait les Argonautes ses Fondateurs. Ainsi on fit autrefois en cette Ville à l'entrée du feu Roy vn grand Lion, d'où sortirent quantité de Feux; mais particulierement vn beau Soleil, pour faire allusion au dessein general de l'entrée, qui estoit *le Soleil au Signe du Lion.*

Pour le second, si c'est sur vne Riuiere que l'on dresse la Machine, il faut prendre vn sujet propre de l'eau, sans qu'il soit pourtant contraire au feu. Comme seroit le combat Naual d'Auguste & d'Antoine, où les Vaisseaux de celuy-cy furent brûlez. Andromede déliurée,

é 2

la chûte de Phaëton, & l'embrazement du Scamandre y conuiendroient; & le Phare, qui fut vne des merueilles du Monde.

On obserua dernierement cette Regle à Venise, à l'occasion du feu de Ioye de la Paix; car la Machine ayant esté dressée sur l'eau, le pied selon le lieu où elle estoit dressée, paroissoit dans l'eau, & entouré de Dauphins, Syrenes, Cheuaux Marins, & diuerses autres figures.

Il faut encore auoir égard aux Personnes qui font la despense, ou pour lesquelles on dresse la Machine ; car on peut prendre le dessein de leurs Armoiries, ou quelque chose qui ayt du rapport à leur Nom. Comme à la naissance du Dauphin, le Dauphin Celeste; l'Aigle de Iupiter au Couronnement de l'Empereur.

Pour les Saints, on peut prendre leurs symboles, ou les instrumens de leurs supplices; comme seroit vn cœur enflâmé pour S. Augustin, vn Taureau enflâmé pour S. Eustache, le Dragon pour S. George, & quelqu'vn de leurs Miracles; leurs visions, & les prodiges qui les ont deuancez. Comme à la Canonization de Monsieur de Geneue, on pourroit representer le Globe de feu qui luy tomba du Ciel en son Oratoire pendant sa priere. Vn Chien qui éclaire le monde d'vn flambeau, pour S. Dominique.

L'VNE

L'VNE des principales obseruations qu'il faut faire en la conduite de ces Feux, est de n'y mettre aucune figure dont on puisse trouuer occasion de railler ; & que comme on les fait ordinairement brûler, on ne puisse faire la plainte que fait Monsieur Colletet en vne de ses Epigrammes, à l'occasion d'vn feu de Ioye fait en Grève, où l'on auoit brûlé les Muses l'an 1649.

Dedans vn Siecle glorieux,
On cherit les Filles des Dieux;
Mais dans vn lâche & ridicule,
On les mene en Grève, on les brûle.

Il y a aussi quelques années que la Gazette remarquoit, que ceux de la Haye ayant dressé vn Bucher, où la France estoit representée soûmise à l'Espagne ; & y ayant mis le Feu, il se prit en sorte à l'Image de l'Espagne, qu'il la reduisit d'abord en cendre, laissant celle de sa Riuale entiere, & seulement vn peu noircie de fumée.

Il faudroit en ces rencontres disposer en sorte la Machine, que par le moyen d'vne méche souffrée, on communiquât le Feu à toutes les décharges, sans brûler la representation, comme i'ay vû faire quelque fois. Aussi bien la fumée du bois & de la paille nuit souuent au succez de l'Artifice.

Que si l'on est absolument obligé d'y mettre des Figures des Saints, des Princes, ou des Vertus, & que ce soit la coustume de brûler la Machine, il faut trouuer le moyen de les sauuer de l'embrasement: comme i'ay vû faire vne fois la veille de la Feste S. Iean Baptiste. Le sujet estoit la Decolation de ce glorieux Precurseur : Herodias tenoit la Teste de ce Saint Martyr dans vn bassin, qu'elle presentoit à Herode; mais le feu fût à peine au Bucher, que cette Teste en sortit, & s'éleua le long d'vne corde iusqu'au dessus de la face de la grande Eglise, où elle s'arresta pendant que ses Persecuteurs furent reduits en cendre.

L'ARTIFICE est d'autant plus important, que c'est de luy que ces Feux ont receu le nom de Feux d'Artifice, & que toutes les autres parties qui les composent, ne sont proprement que ses accessoires. Il faut que celuy qui en a la conduite prenne soigneusement garde aux sortes de Feux que demande l'occasion ou le sujet; qu'il les dispose à propos, & qu'il en regle les décharges.

Les Feux ordinaires dont on se sert, sont les Fusées, les Trompes, qui sont des especes de soufflons; les Lances à feu, les Saucissons, les Serpentaux, les Chandelles, les Balons, les Pots à feu, & les Girandoles.

Bien qu'on ayt coustume de mesler tous ces Artifices dans vn dessein, il est neantmoins de la prudence de l'Artificier, de les approprier à son sujet. Si c'est vne Bataille gagnée qui en soit l'occasion, il faut que ses Feux tendent tous à faire du bruit & du fracas. Si le sujet
conuient

conuient à quelque Constellation ; comme seroit le Vaisseau des Argonautes, le Lion dompté par Hercule, l'Autel sur lequel les Dieux iurerent la guerre des Geants, Andromede, Cephée, Atlas portant le Ciel, &c. il faut que tous les jets finissent en Estoiles ; & comme ces Feux ressemblent aux Astres, qui sont les symboles des Saints, ils sont les plus propres aux celebritez de leurs Festes.

Si l'on represente vne teste de Meduse ou vn Dragon, il n'en faut faire sortir que des Serpentaux, de mesme que des testes des Furies ; d'autant que ces Animaux ne se nourrissent que de Serpents, au rapport des Naturalistes, & que la Fable en donne pour cheueux à ces Monstres de l'Enfer. Les Girandoles ne doiuent seruir qu'à representer les choses qui ont le mouuement circulaire ; comme le Ciel, les Planettes, les Signes celestes, les Roües, &c.

Si l'on met des Figures dans la representation, il ne faut pas qu'elles soient de simples Ornemens de la Machine, mais il les faut remplir d'Artifices selon le sujet ; comme si c'est vne Hydre, on en peut faire sauter toutes les testes les vnes apres les autres.

La disposition est necessaire pour faire vn Artifice reglé. On donne ordinairement à l'étage inferieur le fracas des mortiers & des saucissons. On place vn peu plus haut les Girandoles. Les Fusées & les Serpentaux font le corps de l'Artifice, afin que les vnes s'éleuent en l'air, tandis que les autres croisent & serpentent pour plus de varieté. Les Fusées à estoiles, les Lances à feu, & les pots à feu, tiennent le dessus de la Machine : Particulierement les Lances à feu doiuent faire le couronnement, & orner les saillies ; parce que ce sont des feux qui durent apres la décharge de tous les autres, & qui font voir vne agreable symmetrie de la Machine, quand ils sont tous allumez. Ceux qui sont bien entendus en la pratique des feux, font premierement paroître toute la Machine allumée par le moyen des lances à feu, qui font vn feu paisible & agreable.

On se sert de diuerses Caisses, où l'on range les Artifices auec des Lances à feu d'vne longueur inégale, afin qu'ils ne soient pas surpris tous ensemble, & que se succedant les vns aux autres, ils puissent agréer dauantage, & diuertir plus long-temps.

Quelques autres le font par des Tuyaux secrets, qui communiquent le feu à toutes les charges ; mais cette inuention demande que le Maistre soit dans la Machine pour mettre le feu successiuement aux décharges, qui seroient autrement trop promptes.

Cette disposition sert encore à la representation de diuerses Figures ; comme sont les Noms des Saints dont on celebre la Feste, ou les Chiffres & les Armoiries du Prince victorieux, qu'on fait paroistre en l'air par le moyen des fusées disposées en diuers jets.

On fait en Italie paroistre ces Chiffres &
ces

ces Armes toutes en lumiere, par le moyen de diuerses lampes qu'on fait allumer tout à coup, & éclairer durant deux ou trois heures auant la décharge de l'Artifice, qu'on fait joüer sans brûler la Machine.

L'ordre des décharges depend de la disposition, & j'ay suffisamment declaré quel il doit estre, quand j'ay dit qu'il falloit commencer par les pieces de plus de bruit. Les Girandoles les doiuent suiure auant qu'vne trop grande fumée puisse empescher leur effet. Ie dis le mesme des Serpentaux; car les fusées qui s'éleuent plus haut ne perdent rien de leur éclat, & dissipent aysément cette fumée. Enfin, la derniere décharge, si l'on brûle la Machine, doit estre de grand fracas pour la faire voler en éclats.

La meilleure Regle qu'on puisse donner pour la disposition, c'est qu'il faut que les yeux soient incessamment diuertis, & auec varieté, meslant des jets de Fusées aux Serpentaux, des Lances à feu aux Girandoles, en faisant succeder ces feux les vns aux autres.

On se sert quelquefois d'vn Artifice pour mettre le feu à la Machine, comme d'vn Dragon volant, conduit par vne Fusée sur vne corde bien tenduë; on fait voir aussi auec la mesme inuention, des Caualiers & des Animaux qui se battent en l'air, & qui auancent & reculent par le moyen des Fusées posées l'vne d'vn costé, l'autre d'vn autre, qui se communiquent successiuement le feu. On fait encore tourner des Roües, & des Spheres, & cent autres galanteries, qui sont de l'inuention de l'Artificier.

LES ORNEMENS, qui sont la derniere chose qu'il me reste à remarquer, sont de plusieurs sortes. Les plus generaux sont les *Inscriptions*, les *Deuises*, les *Emblemes*, les *Chiffres*, & les *Hieroglyphes*.

Les *Inscriptions* expliquent la Machine & l'occasion de la Feste, & inuitent les peuples à la joye. En voicy des exemples tirez des feux d'Artifice d'Italie. A Turin, à l'occasion de la Naissance de Sa Majesté, Madame de Sauoye fit faire des Feux de Ioye, où l'on lût ces Inscriptions, escrites en gros Caracteres sur les diuerses faces d'vn Temple bâty à l'antique, & enrichy de Colomnes:

I.

NOVVM DE COELO PACIS
FECIALEM DELPHINVM,

FRATRIS REGNO ÆQVE,
AC SVO GRATVLATA,

MINERVA ALLOBROGICA.

HAS DE EVROPÆ INCENDIO,
SVPERSTITES FLAMMAS,

IN LÆTITIÆ ARGVMENTVM
ACCEDIT.

II.

I I.

LVDOVICI GAVDIA VESTRA FACITE TAVRINENSES,

NON NISI SABAVDIÆ BONO FELIX FVTVRA GALLIA EST:

IRRIGATE FLAMMARVM PLVVIA, TANTORVM SEMINA GAVDIORVM.

TELLVRI DIES INVIDEAT NOVVM SOLEM, NOX NOVA SIDERA;

COELVM COMETIS OBRVITE, PRÆDICABVNT REGIS NATALIA,

NEC PRÆDICENT EXITIA.

Le ftyle de ces Infcriptions doit eftre ferré & plein de penfées. On les fait quelquefois en Langue vulgaire pour les rendre plus intelligibles au peuple; mais elles ont peine d'auoir la grace des Latines, qui font plus energiques en peu de mots.

On prend quelquefois des paffages de l'Ecriture, des demy vers de quelque Poëte, ou mefme les Anagrammes du nom de la Perfonne pour qui fe fait la Réjouiffance.

Il y a de ces paffages de l'Ecriture, & des Poëtes, qui font d'autant plus beaux, qu'ils femblent eftre prophetiques. Comme eft prefque tout le Pfeaume 71. qui apres la publica-

tion de la Paix semble predire mille benedictions au Roy. *Deus Iudicium tuum Regi da,*
& Iustitiam tuam filio Regis..... Suscipiant
montes Pacem populo, & colles Iustitiam.....
Orietur in diebus eius Iustitia, & abundantia
Pacis: donec auferatur Luna. Ce passage semble vn augure de la ruine des Turcs. *Et domi-*
nabitur à Mari vsque ad Mare, & à flumine
vsque ad terminos terræ. Coram illo procident
Æthiopes, & inimici eius terram lingent .....
Benedictum nomen Majestatis eius in æternum:
& replebitur Majestate omnis terra, fiat fiat.

Le passage du chapitre 57. d'Esaye, vers. 19. s'applique aussi merueilleusement à cette Paix. *Creaui fructum labiorum Pacem, Pacem ei qui longè est, & qui propè.* En effet, ne semble-t'elle pas auoir esté crée en vn temps où personne ne l'osoit esperer, & n'a-t'elle pas comme esté tirée du neant des Prouinces desolées, & des Villes reduites en cendres. Elle est aussi le fruit des Conferences des deux Mi-nistres.

Nos Poëtes sont aussi quelquefois Prophe-tes, & ce n'est pas sans mystere que les Latins leur ont donné le mesme nom qu'aux Deuins. Virgile semble auoir décrit la Naissance du Fils de Dieu en la quatriéme Eclogue. On applique aussi à l'establissement de l'Eglise cét Epiphoneme du premier liure:

Tanta molis erat Romanam condere Gentem.
Nous pourrions de mesme appliquer ceux-cy qui presagent les guerres contre le Turc.

Hinc

des Feux d'Artifice.

Hinc populum lato Regem belloque superbum,

Venturum excidio Lybiæ sic voluere parcas.

Et ce demy vers de Claudien, *Panegyr. Stilic. 3.*

Nil placitum sine Pace Deo.

Fait merueilleusement bien au sujet de la Paix. Comme celuy-cy de Virgile se pourroit appliquer à la mort de tant de braues Chef durant nos dernieres guerres, dont la France regrette la perte;

——————— *Luget*
Lumina tot cecidisse Ducum.

On a appliqué heureusement à son Eminence ces deux vers du sixiéme de l'Eneïde:

Tu regere Imperio populos Romane memento :

Hæ tibi erunt artes Pacique imponere nomen.

Generalement tous les desseins pris de l'Histoire, & de la Fable, ou inuentez, demandent des Inscriptions qui en fassent l'application, & qui expliquent la pensée de l'Inuenteur.

Mais il faut auoüer, qu'il n'est rien de si difficile à faire, que ces Inscriptions, qui doiuent estre toutes spirituelles. Les fautes y sont insupportables, & ie ne sçay par quelle fatalité il arriue souuent qu'on y en trouue, à cause qu'on les donne à faire à des personnes qui n'en ont pas l'vsage. Ces beueües ont souuent donné occasion à des Epigrammes, comme celle-cy d'vn jeune Médecin, qui auoit
fait

fait en vers Latin la premiere syllabe de *Vita briéve*, & auoit trauaillé tout vn iour deux chetifs vers :

Carmine in exiguo Medicam complecteris artem,

Ars *tibi nam* longa *est Faustule* Vita breuis.

Les Aphorifmes d'Hypocrate commencent par cettte Sentence. *Ars longa Vita breuis.*

Les *Emblemes* fe peuuent tirer de l'Hiftoire, de la Fable, ou des chofes naturelles & inuentées, de la maniere dont ont forme le fujet de toute la Machine, qui eft toûjours vn Embleme ; parce qu'il eft vne reprefentation inftructiue, qui nous apprend la caufe pour laquelle on la dreffe, & qui a du rapport à l'occafion pour laquelle on la fait.

Les *Deuifes* font compofées d'vn corps & d'vne ame ; l'vn eft pris d'vne Figure naturelle à l'exclufion de la Figure humaine, ou d'vne chofe artificielle. Et l'autre, d'vn bout de vers de Poëte, ou d'vn petit mot en autre langue que la vulgaire. Ces Deuifes ne doiuent pas feulement eftre propres au fujet, mais il faut encore autant qu'il fe peut, que les corps conuiennent à la nature du feu. Et c'eft ce que demandent principalement les Maiftres de ces peintures ingenieufes, qu'elles foient conformes aux lieux où on les place. Comme celles qui fe font pour les Eglifes doiuent eftre facrées. Le corps fe doit prendre autant que l'on peut des inftrumens qui feruent à nos Ceremonies,

remonies, & l'ame des paroles de l'Ecriture. Dans les Academies les corps se tirent des instrumens des Sciences ; comme sont les Spheres, les Cylindres, Compas, &c. Dans les Arsenaux, & dans les Citadelles des Armes, &c.

Les *Chiffres* ne sont que les lettres des noms diuersement entrelassées.

Les *Hieroglyphes* sont les symboles propres de chaque Figure ; comme on donne à Iupiter la Foudre, vne Corne d'Abondance à la Felicité, vne Faux au Temps, vn Caducée à Mercure, & vn Trident à Neptune.

Nos Saints ont aussi leurs Hieroglyphes, qui les distinguent. S. Iean Baptiste tient vne Croix de Roseau, entourée du mot *Ecce Agnus Dei* en écharpe, & vn Agneau sur vn liure. Sainte Catherine vne Roüe. Saint Pierre des Clefs, S. Paul vne Espée, &c.

Il y a vne autre sorte d'Ornemens, qui appartiennent à l'Artifice ; comme si l'on dresse le Bucher sur vne riuiere, on peut par le moyen de plusieurs Batteaux representer vn Combat Naual. Aux Ioyes publiques de Constantinople, on commande à tous ceux qui ont des Permes ou des Caïques dans le port, d'y allumer des lampes, comme nous mettons icy des lanternes à nos fenestres. Ces Permes & ces Caïques, qui sont au nombre de trois mille, couurent tout le port, & font vn spectacle fort agreable. En Italie ils ornent les Machines de quantité de Lampes si bien disposées, qu'elles representent diuerses Figures. A l'entrée de la

Reine

Reine de Suède à Turin, on auoit éclairé de cette sorte vn Portique par où elle deuoit passer, & les Lampes y representoient ses Armes, & celles de toutes les Alliances de sa Famille, ses Chiffres, des lacs d'Amour, des Arabesques, & diuerses autres Figures.

Enfin il y a cette difference entre ces pieces bien conduites, & celles qui sont faites sans dessein ; que les vnes ne sçauroient plaire qu'vn moment, & satisfaire seulement les yeux tandis que l'Artifice joüe ; au lieu que les autres diuertissent également & l'esprit & les yeux, & en laissent dans la memoire vne image qui plait & qui instruit.

F I N.

www.ingramcontent.com/pod-product-compliance
Lightning Source LLC
Chambersburg PA
CBHW051908160426
43198CB00012B/1805